Filha da Luz

PAULINA YAARI

Filha da Luz

A minha busca pelo D'us de Israel

Labrador

© Paulina Yaari, 2024
Todos os direitos desta edição reservados à Editora Labrador.

Coordenação editorial Pamela J. Oliveira
Assistência editorial Leticia Oliveira, Jaqueline Corrêa
Capa Amanda Chagas
Projeto gráfico Marina Fodra
Diagramação Estúdio dS
Consultoria de Escrita Central de escritores: Rose Lira, João de Almeida Neto, Pedro Castellani e Gabriella Maciel Ferreira
Preparação de texto Marília Schuh
Revisão Andresa Vidal Vilchenski

Dados Internacionais de Catalogação na Publicação (CIP)
Jéssica de Oliveira Molinari - CRB-8/9852

Yaari, Paulina
   Filha da luz : a minha busca pelo D'us de Israel / Paulina Yaari. São Paulo : Labrador, 2024.
   184 p. : color.

   ISBN 978-65-5625-636-8

   1. Yaari, Paulina - Autobiografia 2. Espiritualidade 3. Judaísmo I. Título

24-2937   CDD 920.72

Índice para catálogo sistemático:
1. Yaari, Paulina - Autobiografia

Labrador

Diretor-geral Daniel Pinsky
Rua Dr. José Elias, 520, sala 1
Alto da Lapa | 05083-030 | São Paulo | SP
contato@editoralabrador.com.br | (11) 3641-7446
editoralabrador.com.br

A reprodução de qualquer parte desta obra é ilegal e configura uma apropriação indevida dos direitos intelectuais e patrimoniais da autora. A editora não é responsável pelo conteúdo deste livro. A autora conhece os fatos narrados, pelos quais é responsável, assim como se responsabiliza pelos juízos emitidos.

Dedico este livro ao meu povo, o povo judeu.

Às pessoas que, de alguma forma, estão buscando transformação, uma mudança significativa em suas vidas.

Agradecimentos

Em primeiro lugar, quero agradecer a D'us[1] pela vida, por tudo o que Ele é, por tudo o que tem feito... pela Sua bondade!

Agradeço a Ele por ter me dado tantos amigos, como o psicanalista Genivaldo Andrade, a quem sou grata por ter me dado a ideia de fazer uma narrativa da minha vida.

Agradeço à minha filha Cecilia, aos meus filhos, Ilan e Fabio, e ao Osias, com quem fui casada durante 22 anos, todos eles que foram, sem dúvida, constante incentivo e encorajamento, inspirações para eu poder colocar no papel a minha história.

E, entre tantas idas e vindas, D'us me deu, como presente, minhas noras, Nara e Thais, e meu genro, Sérgio. Pessoas que acrescentaram um colorido especial em minha vida! E tantos outros presentes! Além dos meus filhos, os meus netos! Déborah, a primeira, Gabriela, Daniela, e os gêmeos Mickael e Haniel, filhos do Fabio. Os gêmeos Samuel e Gabriel, filhos do Ilan. Dylan, e a caçulinha, Liv, filhos da Cecilia. Ana Júlia e Brenda, filhas do Davi, irmão caçula do Osias, que adotei como netas e que carinhosamente me chamam de "vó Paulina".

---

[1] D'us é uma das formas utilizadas por alguns judeus para se referirem a Deus sem citar Seu nome completo, em respeito ao terceiro mandamento recebido por Moisés, no qual D'us teria ordenado que Seu nome não fosse invocado em vão.

Tudo o que eu escrever sobre cada um deles será pouco para expressar o meu amor, o respeito por cada individualidade, cada beleza que eles trazem dentro de si. São os presentes mais valiosos que uma pessoa pode ganhar!

Tenho uma palavra: amor. Muito amor!

Agradeço a todas as pessoas que de alguma forma acreditaram na potência da minha história e na concretização deste livro. Aos meus amigos, aos meus alunos e àqueles que ajudaram neste projeto, colaborando financeiramente com ele.

À Central de Escritores, no nome da Rose Lira e do João de Almeida Neto, que, através do trabalho paciente e cuidadoso de consultoria, ultrapassaram minhas expectativas, organizando os meus pensamentos e tudo o que está no meu coração.

E muita gratidão a D'us, por tudo! Hoje e sempre!

Sumário

Prefácio 11
Introdução 16

MINHA VIDA

1. Raízes amargas: um privilégio...................... 21
2. Crescer sionista: uma oportunidade............. 40
3. Viver e amar: uma possibilidade 71

A VIDA DELE

4. Filho(s) ungido(s): um privilégio.................. 99
5. Estranhamento à vista: uma oportunidade 120
6. O Messias de Israel: uma possibilidade 138

Epílogo 158
Depoimentos... 161

Prefácio

Foi com alegria que li este livro, escrito de maneira mista, entre poética e histórica; enquanto revela uma transformação de vida.

Paulina foi muito feliz em sua escrita, descrevendo sua vida dentro da tradição judaica, seu espírito sionista e a convivência com uma sociedade laica.

O momento impactante vem quando ela percebe que havia algo dentro dela que chamava por uma busca maior, havia um vazio a ser preenchido, que é quase normal conosco que viemos de famílias judaicas tradicionais – e em muitos casos com membros sobreviventes do Holocausto – e tínhamos hábitos religiosos tradicionais, mas ao mesmo tempo que nem sempre nos traziam shalom, a paz no coração.

Essa busca não era preenchida pelas longas tefilot, orações pela manhã ou à tarde, e assim esse vazio nos levou muitas vezes a sair da trilha definida pelo ETERNO, e a buscar falsos deuses, uma verdadeira traição contra o Criador. Mas a regra em casa era seguir as tradições, e assim se passavam os anos.

A ideia apresentada desde nossa infância era que a tradição era a base da sobrevivência do povo judeu, e que, por essa razão, mantê-las era importante, e elas deviam ser cultivadas com respeito. Isso incluía participar das festividades relatadas em Vaykra, Levítico 23, em sinagogas e em nossas casas, onde o fato principal era manter os costumes tradicionais, mas com pouca visibilidade ao que a Torah havia apresentado como instrução, para obediência, em cada uma dessas festividades.

Lembro de muitas ocasiões em que, estando na sinagoga com pais e avós, e seguindo um ritual em hebraico, (idioma que aprendíamos na escola religiosa, mas sem poder entender o que era lido/cantado pela rapidez das falas e palavras que me eram desconhecidas), o meu pensamento era "quero ir jogar bola com meus amigos no pátio, porque será melhor do que ficar aqui".

Quanto à festa de Yom Kippur, conhecida como Dia das Expiações, o ponto alto na tradição, quando deveríamos ser confirmados no livro da vida para mais um ano, era o desafio anual. A inscrição no livro da vida era vista como muito difícil, dependia do jejum de Yom Kippur e do esforço nas tefilot, orações. Yom Kippur é o encerramento dos dez dias entre Rosh haSHana, ano-novo judaico, que são conhecidos como Yamim Noraim, dias temíveis. Nesse período, as falas e ameaças dos rabinos e professores me geravam dores de estômago pelo peso de não transgredir à Torah.

Mas ao sair do período de jejum desse dia especial, não havia certeza de estar inscrito no livro da vida por mais um ano, como a tradição relata.

Isso também acontecia na escola religiosa onde diariamente fazíamos nossas tefilot, que eram lidas de maneira rápida e superficial. Não despertava uma sensação de relacionamento com o Criador.

Já participar de movimento juvenil sionista era a maneira de encontrar novas amizades dentro da comunidade judaica, ao mesmo tempo que nos familiarizávamos com a nova "medinat Israel", o Estado de Israel. Mas as atividades vistas como complemento de religião, só reforçavam a tradição.

Tudo mudou quando me interessei a ler a Torah, e entendi que as promessas da vida eterna, a inscrição no livro da vida, não dependiam mais de mim, mas da obediência ao ETERNO, e me incomodava muito ver repetidamente o ETERNO nos chamar de "duros de cerviz", como por exemplo: "Sabe, pois, que não é por causa da tua justiça que o ETERNO, teu Elo_him, te dá esta boa terra para possuí-la, pois tu és povo de dura cerviz", presente no livro de Devarim, Deuteronômio 9:6. Em outra passagem diz: "O ETERNO, teu Elo_him, circuncidará o teu coração e o coração de tua descendência, para amares o ETERNO, teu Elo_him, de todo o coração e de toda a tua alma, para que vivas", como está em Devarim 30:6. Se em um momento o ETERNO dizia que sou cabeça dura por ler e não entender Sua Torah, por outro lado, diz que me ajudaria a conhecê-Lo. E o choque maior veio ao ler o profeta Joel 2:13, rasgai o vosso coração, e não as vossas vestes, e convertei-vos ao ETERNO, vosso Elo_him, porque ele é misericordioso, e compassivo, e tardio em irar-se, e grande em benignidade, e se arrepende do mal, o erro estava em mim, Ele já fizera Sua parte.

Nesse momento vi que precisava buscar mais ao ETERNO de todo o coração, e segui o mesmo caminho que Paulina.

Com objetividade e maturidade de fé, Paulina narra as experiências que ressoam profundamente com a jornada de quase todos nós bnei Israel, filhos de Israel, que fomos transformados de tradicionais seguidores da religião judaica em servidores do ETERNO, o Criador dos céus e da terra por somente ter falado, como lemos em Bereshit (Genesis) 1:1-3: "No princípio, criou Elo_him, D-us os céus e a terra". A terra, porém, estava sem forma e vazia; havia trevas sobre a face do abismo, e o Espírito de Elo_him pairava por sobre as águas. Disse Elo_him: "Haja luz; e houve luz"; se para Ele nada é difícil, nós O encontraremos com Sua ajuda e em tefila, com um coração quebrantado!

Boa leitura!

Samy Staschower
(Shalom Moshe ben Shlomo ha´Kohen)
Empresário do ramo de autopeças, é casado, tem três filhos, duas noras, um genro e quatro netos; residente em São Paulo, Brasil.

*Grande é a sabedoria, mas maiores
são o conhecimento e a compreensão.*

(Sabedoria judaica)

Introdução

Em pequenos pedaços de papel, escrevo minhas preces e as coloco nas fendas de uma grande muralha. Estendo minhas mãos e toco aquelas rochas, elevando meus pensamentos e exercitando minha fé. Apesar de seu conhecido nome, hoje, o Muro das Lamentações, em Jerusalém, não está recebendo meus lamentos, mas a minha gratidão, a minha alegria e o meu orgulho por carregar comigo parte de uma história tão rica e cheia de belas passagens, mesmo que, em muitos aspectos, essa mesma história carregue também tanto sofrimento. Confesso que meu coração é permeado por um misto de sentimentos. Por um lado, gratidão, e, por outro, tristeza, pois aquele local foi, ao longo da história — e ainda tem sido —, não apenas o símbolo de uma história de superações, mas também de grandes conflitos.

Quando toco a sua estrutura rochosa, sinto-me como se entrasse em uma máquina do tempo por alguns instantes e pudesse contemplar os meus antepassados, não apenas da minha linhagem mais próxima, mas também daqueles que ajudaram a escrever a história do meu povo, o povo de Israel.

Imponho as minhas mãos sobre o muro e sinto o meu coração bater mais forte, a emoção toma conta de mim devido ao pertencimento a tudo o que me rodeia e não consigo conter as lágrimas, pois sei também que aquele lugar simboliza uma profunda conexão com o que aconteceu antes da era cristã, afinal de contas, aquele é também o lugar onde estava o Templo de Jerusalém que foi destruído na nossa era, o que trouxe tanto sofrimento ao meu povo.

Sigo as muitas conexões e chego às memórias da minha família de origem, meus pais e irmãos, que moraram em Israel durante certo tempo. Minha mãe, que, corajosamente, depois de sofrer tanto no campo de concentração nazista, ainda teve forças para ficar sozinha com dois filhos, em uma terra com clima totalmente diferente da Europa, enquanto meu pai lutava novamente pela sobrevivência. Meus pais representam muito em minhas lembranças, pelo vínculo afetivo, claro, mas também pelo orgulho que eles me geram.

Neste momento, percorro minhas memórias e posso ouvir o relato do meu pai, de que, ao retornar da Segunda Guerra Mundial, apresentou-se como soldado para lutar pela independência de Israel, em 1948, celebrando, enfim, com méritos, o reconhecimento internacional de sua nação no salão do antigo Museu Nacional de Tel Aviv.

Ainda com as lembranças me invadindo, olho para o Muro, avanço um pouco mais na história, e me arrisco a pensar que tenho em mim o mesmo sentimento que os soldados israelenses tiveram ao adentrarem Jerusalém, na Guerra dos Seis Dias (1967), e de longe avistarem este local.

"Chegamos aqui e este é o nosso lugar, o lugar do nosso povo", imagino-os dizendo.

Sei que D'us está comigo e me acompanha por onde eu for, mas algo acontece quando chego ao Muro das Lamentações, e encosto as mãos nas suas pedras. Sinto a presença dEle ainda mais forte e não tenho mais vontade de sair do lugar.

É como se, aqui, eu pudesse ser arrebatada pelas mãos do Criador por alguns instantes, e ficasse ali, flutuando e sentindo essa presença tão agradável. É por isso que fico tão emocionada, é como se Ele me levasse, e apesar de me lembrar de tantas lutas vividas pelo meu povo, eu sou confortada por Ele. O Seu conforto prevalece às dores lembradas. O sentimento é tão incrível que é difícil traduzi-lo em palavras. Sei apenas que é algo muito, muito forte, transcendente, espiritual.

Quando leio os textos judaicos, vejo D'us falando ao povo judeu que Ele o quer de volta a Israel, a Jerusalém, à terra prometida. Por alguma razão, sinto que este momento se caracteriza de sobremaneira inspirativo, devido à grande mistura de sentimentos, tão intensos e antagônicos, gerando uma forte conexão histórica com meu povo. Isso me leva a concluir que esta poderia ser uma **oportunidade** ímpar, que eu devo me apossar desse sentimento e dessa verdade, e por esse motivo decido subir a um local que me permita uma vista mais ampla do Muro, no alto do Monte do Templo.

Quando subo a um ponto que me permite ter uma vista panorâmica, encontro um lugar para sentar, abrir o meu caderno e começar a escrever esses pensamentos. Confesso, sem receio algum, que me sinto **privilegiada** por colocar tudo o que sinto nestas páginas, registrando este momento, que chego a considerar sobrenatural.

Com caneta e caderno nas mãos, a cada página que completo e viro, uma nova **possibilidade** surge como destino para estes escritos, e isso gera em mim um sentimento de poder sobre as minhas próprias escolhas, sobre tudo aquilo que de fato cabe a mim escolher. Sinto-me filha da luz, em busca do D'us de Israel.

Por isso, faço a você, leitor, este convite: vamos folhear juntos estas páginas! Deixe-me contar não apenas a minha história, mas também sobre como tenho encontrado o meu lugar na história do meu povo, em meio a descobertas de fé, cultura e raízes.

MINHA VIDA

Raízes amargas...
UM PRIVILÉGIO

Veio sobre mim a mão do SENHOR e o SENHOR me levou em espírito, e me pôs no meio de um vale que estava cheio de ossos. E me fez andar ao redor deles; e eis que eram mui numerosos sobre a face do vale, e estavam sequíssimos.

(Ezequiel 37:1-2, Bíblia João
Ferreira de Almeida, Revista
e Atualizada, SBB)

Meu nome é Paulina Yaari, sou a filha mais nova de um casal de judeus sobreviventes do Holocausto resultante da ideologia nazista, que se espalhou pela Europa entre 1933 e 1945. Por isso, antes de começar a contar a minha história, gostaria de falar um pouco sobre meus antepassados, os que me geraram, pois creio que isso ajudará a entender melhor o contexto do lar onde nasci.

✡

No tempo dos meus bisavós, ainda era muito comum a cultura dos casamentos arranjados entre as famílias dos noivos. Por isso, meus avós paternos acabaram casando-se dentro dessa convenção. A família da minha avó era da cidade polonesa de Katowice e estava procurando um rapaz que aceitasse casar com ela. Acabaram encontrando o meu avô. Ele era um rapaz de pouca instrução, praticamente analfabeto, e ela era de uma família rica e muito culta. Mesmo com as diferenças existentes, as famílias acabaram combinando o casamento entre eles e, após firmar matrimônio, o casal foi morar na cidade dela.

Desse casamento, nasceram, na cidade de Katowice, o meu tio mais velho, Moshe (Moisés), meu pai, Leon — que tem como significado de seu nome, **leão** —, e seu irmão mais novo, Yacov (Jacó).

Já minha mãe nasceu em Sosnowiec, cidade de outra parte da Polônia, e seu nome, Feigl (Zípora), tem um significado incrível, que é **passarinho**. Assim como seus quatro irmãos, ela era uma menina muito alegre, inteligente e, como que fazendo jus ao próprio nome, amava cantar. Diferente da família do meu pai, meu avô materno era praticamente um rabino. Os pais da minha mãe respeitavam e seguiam à risca as tradições judaicas, desde o conhecimento da lei até a implementação dos costumes, como na culinária dentro de casa.

Nasceram e cresceram na Polônia, desfrutando de relativa paz, mas a chegada do nazismo com a invasão da Alemanha ao país, em 1939, trouxe o tormento da intolerância étnica e cultural imposta por tal ideologia nefasta.

Meus pais — que ainda nem se conheciam —, meus tios e meus avós acabaram sendo levados para o primeiro campo de concentração, iludidos pela mentira de que iriam "trabalhar" durante três meses e depois voltariam para casa. Na entrada do campo de Auschwitz — um dos mais conhecidos e que hoje funciona como uma espécie de museu do Holocausto —, estava escrito: "O trabalho liberta". Chega a ser irônico, porque, na verdade, aqueles eram locais de trabalho escravo, onde milhões de judeus passavam fome, humilhação, eram torturados e por fim acabavam sendo mortos de diversas formas.

Como milhões de outros judeus que viviam na Europa, meus avós, paternos e maternos, meus tios e meus pais foram levados aos campos de concentração. Meus avós paternos e maternos, meu tio paterno mais novo, Yacov, e minha tia materna mais nova, Esther, acabaram morrendo nas câmaras de gás usadas pelos nazistas para cometer um dos maiores genocídios da história.

Mesmo tendo sobrevivido àquele período de terror, meus pais tiveram suas vidas transformadas para sempre, marcadas pelo cheiro de morte que pairou por tanto tempo no ar que eles respiravam naqueles campos de concentração. Meu pai, que teve seu nome traduzido para o hebraico, Arie, continuava esforçando-se e tentava reconstruir das cinzas a **vida** que dava significado tão forte ao seu nome. Enquanto isso, o canto alegre de minha mãe, Zípora, parecia ter definhado e enfim falecido nos campos de concentração.

Quando a Segunda Guerra chegou ao fim, em 1945, e os campos de concentração foram desativados, os sobreviventes foram alojados em campos de refugiados na Alemanha, e foi em um desses locais que meus pais acabaram se conhecendo.

Ainda morando na Alemanha, eles se casaram e, em 1947, nasceu o meu irmão mais velho, Josef David. Quando minha mãe já estava grávida novamente, com a minha irmã no ventre, teve uma chance de ir para Israel com meu irmão. Meu pai não podia ainda sair da Alemanha, mas considerou a oportunidade imperdível e por isso os mandou para lá.

Logo depois, meu pai conseguiu ir para Israel, minha irmã, Shoshana, nasceu lá, em fevereiro de 1948, e meu pai se apresentou como soldado para lutar pela independência da nação, que ocorreu em maio do mesmo ano.

Conquistada a independência de Israel, meus pais continuaram morando no país, com os dois filhos pequenos, mas tudo era muito primitivo, escasso. A vida lá era muito difícil no começo, porque o país acabara de passar por uma guerra e precisava muito ser reconstruído. Além disso, como ambos nasceram e cresceram na Polônia — onde os invernos são de -20 °C e os verões ficam na casa dos 20 °C —, não era fácil suportar o clima desértico de um país do Oriente Médio.

Meu pai saía para trabalhar, minha mãe ficava com duas crianças, passando necessidades naquele calor e com perigo de escorpiões surgirem pela casa. Então, minha mãe pediu ao meu pai para sair do país.

— A única coisa boa de Israel por agora é que as roupas secam muito rápido no varal — ela dizia.

Sendo assim, eles conseguiram passaporte para sair de Israel com os dois filhos. Desejavam ir para os Estados Unidos, mas só poderiam chegar à América se passassem pela Europa. Primeiro passariam pela Alemanha, depois pela França, para enfim chegar ao destino que tanto queriam. Meus pais tinham ouvido falar muito bem dos Estados Unidos, onde os judeus desfrutavam de paz e liberdade religiosa. Mas não conseguiram uma forma de ir diretamente ao país, por isso a América do Sul foi vista como uma rota possível; assim chegaram ao Brasil.

De navio, chegaram ao Porto de Santos em 1954. Meu pai tinha pouquíssimo dinheiro nos bolsos e menos ainda conhecimento da língua portuguesa. Com muito esforço para se comunicar, ele conseguiu chegar com minha mãe e meus irmãos ao trem que partia para São Paulo.

Quando estavam os quatro naquele trem, uma pessoa se compadeceu deles por serem estrangeiros e também por estarem com crianças e ofereceu comida ao meu pai. Ele recusou, tentando explicar que não tinha dinheiro para pagar. Mas a pessoa mostrou, de alguma maneira, que era de graça. Aquela atitude tocou profundamente o coração dele, afinal, após tantos anos de guerras, lutas e sofrimento, receber um simples ato de gentileza como aquele era algo comovente.

É a primeira vez que eu vejo na minha vida alguém que dá comida sem pedir pagamento em troca, ele pensou.

Com muita gratidão, ele aceitou a oferta que lhe foi dirigida e ficou deslumbrado com a prontidão do povo brasileiro em ajudar... Resolveu ficar no Brasil, a terra de um povo bom.

A experiência vivenciada por meus pais nos campos de concentração da Europa foi devastadora, mas não o suficiente para lhes roubar a vontade de seguir vivendo, de formar uma família, de recomeçar em um novo lugar, e foram essas **oportunidades** que eles encontraram no Brasil.

Como parte desse recomeço, inicia-se a minha história. Uma história sempre parte de outra, e a minha surge dentro da trajetória dessa família.

BERESHIT

O termo hebraico בראשית (lê-se Bereshit) se encaixa muito bem nesta parte inicial do meu relato, pois significa gênesis (início). Para mim, recobrar as minhas raízes é um fator essencial para conseguir a minha identidade atualmente, pois parte da minha formação está em toda essa história que vem antes de mim.

Eu nasci no Brasil, em 1955, cerca de um ano depois que meus pais chegaram ao país com meus irmãos, quando buscavam se estabilizar financeiramente.

Confesso que, por mais que eu não tenha sofrido nos campos de concentração com meus pais, os traumas por eles sofridos acabaram refletindo sobre a minha infância de alguma forma.

Minha mãe era uma pessoa de incrível sabedoria, porém a guerra a transformou em alguém de pensamentos negativos. Frequentemente me falava sobre o que ela, o meu pai e o meu povo como um todo sofreram na Segunda Guerra, e hoje entendo que tudo isso a deixou com marcas profundas. Creio que essa amargura não foi intencional da parte dela e por isso não a julgo, mas, geralmente, dividir o ambiente com ela me trazia esse pesar.

Já o meu pai era muito calmo, ponderado e, mesmo após a fase tão sofrida que vivenciou nos campos de concentração, sempre se policiava para não ser um homem reativo. Pensava bem em suas respostas, mas não dispensava uma boa conversa, não importava com quem. Desde crianças até idosos, ele era muito amistoso com todos.

Meu pai também era o meu protetor, porque a minha mãe era muito brava. Devido aos traumas ocasionados pela guerra, irritava-se facilmente. Ela desenvolveu bronquite asmática, o que agravava tudo, e por isso acabava nos castigando com o cinto. Assim, quando meu pai estava por perto, eu sempre tinha a esperança de que ele pudesse intervir com sua calma e ponderação para me livrar de mais algumas "cintadas". Quando hoje olho para a criação que recebi da minha mãe, entendo que, do jeito dela, ela foi uma autêntica mãe judia: aquela que se mata pelos filhos.

Há uma ilustração interessante sobre a mãe judia em comparação a ocidental, e que mostra bem as diferenças culturais entre elas. Antigamente, no Brasil, se uma mãe se desesperava quando o filho não comia bem, era comum ouvi-la dizendo:

— Se você não comer, eu te mato!

Porém, no caso de uma mãe judia, apesar de a frase ter uma intensidade semelhante, acabava tomando um rumo totalmente diferente:

— Se você não comer, eu me mato — diria a mãe judia ao filho resistente.

A mãe judia quer controlar tudo. Minha mãe realmente foi assim, mas ao mesmo tempo nos deu uma ótima educação, de modo que, onde eu e meus irmãos chegássemos, éramos elogiados por nossa conduta.

Porém, na época, não era fácil entender que a experiência do Holocausto, apesar de ter sido dolorosa para ambos, gerou efeitos diferentes no meu pai e na minha mãe. Quem conhecia meu pai e descobria mais sobre sua história, sempre se surpreendia.

— Poxa! Como ainda é possível sair um sorriso dele, depois de tudo o que viveu? — Muitos perguntavam.

Até hoje tenho minhas dúvidas sobre o quanto o meu pai teve de internalizar seus sentimentos e superar dores de seus traumas para conseguir colocar um sorriso no rosto.

Enquanto isso, minha mãe refletia seus traumas nas reações intensas e nos problemas de saúde, que os médicos tentavam, mas não conseguiam explicar, de fato, as causas.

Lembro que, certa vez, quando tinha cerca de 6 anos, minha mãe teve uma das crises respiratórias, que ocorriam com certa frequência, e acabou voltando do hospital de maca, em uma ambulância, e os vizinhos me trouxeram flores, pensando que ela tinha morrido. Aquilo foi muito confuso para mim.

Mas, se por um lado tive poucas chances de ver a minha mãe alegre, sou grata pela vida dela; por ela compartilhar conosco, seus filhos, tanta sabedoria, que carregava consigo; sou grata por ela ter nos ensinado tanto sobre a vida; por ter nos presenteado com seu lindo canto, mesmo que raramente. Foram lindos momentos com ela, alguns desses ouvindo um cantarolar baixinho em sua doce voz. Quanta saudade!

Quando eu a ouvia cantando pela casa, me sentia aliviada.

Que bom! Hoje minha mãe está bem, eu pensava.

Quando eu a ouvia cantar, sempre pensava que florescia nela a coragem de enfrentar seus medos e que ainda lhe sobressaía a vontade de viver. Da mesma forma que seus traumas de guerra refletiam sobre mim, seu canto também fazia nascer em meu coração a esperança de que as coisas estavam melhorando.

**O sorriso do meu pai e o canto
da minha mãe foram, para mim,
a prova de que D'us lhes deu
esperança e coragem para continuar,
depois de tanto sofrimento.**

Enquanto minha mãe se dedicava à casa e à nossa educação, sempre muito rígida, mas cheia de sabedoria, ensinando-nos também boas maneiras, meu pai nos transmitia conhecimentos gerais. Ele aprendeu a língua portuguesa rapidamente lendo jornais e fazendo palavras cruzadas todos os dias. Minha mãe também leu muitos livros, e chegou até a compor poemas em português, e também em *idish*[2]... pena que não fiquei com nenhum deles!

Minha irmã conta que, quando eu comecei a ir para a escola, ela fazia as lições comigo... em uma mesinha pequena, com uma cadeirinha. Ela gostava porque achava fácil. Ela era a responsável

---

2   Idioma falado pelos judeus europeus.

por tudo na casa, já que nessa época (minha primeira infância), minha mãe estava quase sempre passando mal por causa de bronquite asmática. Além de cuidar da minha mãe, que ficava em seu quarto, na parte de cima da casa, a Shoshana tinha que cozinhar, lavar, arrumar e "esterilizar" a casa, e cuidar dos remédios da mamãe. Tinha que cuidar das minhas roupas e das do meu irmão (embora ela fosse um ano mais nova que ele), para irmos limpinhos para a escola... Muita coisa para uma jovem... E, no meu coração, ela era como uma mãezinha para mim. Ela conta que, na primeira vez que ela e meu irmão me levaram ao cinema, fiquei surpresa quando entrei lá e exclamei em voz alta: "Que televisão grande!". Toda a plateia deu risada.

Outra vez, meu irmão estava jogando bola com um amigo, no quintal da nossa casa que ficava ao lado da sala, e eu assistindo ao jogo, de cima do sofá que ficava ao lado da janela, fiquei dando risada das jogadas dele, e, como todo moleque apronta, ele me empurrou, eu caí do sofá, quebrando a clavícula. Ele levou uma bela bronca dos meus pais. Falando no Josef, ele me conta que tinha muito orgulho de andar comigo...

— Você era uma menina linda, com cachinhos — diz ele.

Apesar das brincadeiras de irmãos, ele também cuidava de mim e brincava comigo. Desde pequena, eu gostava de dançar, e ele conta que, certa vez, quando estava me dando banho, eu devia ter uns 3 aninhos, comecei a dançar na frente dele... e isso o deixou maravilhado!

— Você foi uma revelação do que é o feminino, isso é ser menina — Josef me conta.

Já um pouco mais velho, Josef trazia dois amigos para casa e eles ficavam ouvindo música clássica na sala, e eu, ainda criança, ficava dançando na frente deles. Isso me marcou muito, pois comecei a tomar gosto pela arte. Um dia, conversando com Josef, ele me disse que, quando eu era criança, via em mim um entusiasmo (*entels* = estar com Deus), mas que depois me tornei uma pessoa melancólica.

Josef disse que o papai não acompanhava minhas angústias. Era, da parte dele, a adoração e devoção por mim *versus* um homem distante do mundo interior... tanto do mundo da mamãe, quanto o de seus próprios filhos. Nosso pai tinha como missão criar e sustentar uma família.

Essa era a minha família, minhas raízes.

Eu tinha 5 anos quando o Josef fez bar-mitzvá, cerimônia que é a segunda em importância para o menino judeu, depois da circuncisão. Essa cerimônia acontece quando os garotos têm 13 anos. É a confirmação, desde esse momento, de que ele é um "filho da Lei", pode ler a Torá (a Lei) na sinagoga, e pode também fazer parte do minian (grupo de dez judeus necessários para qualquer cerimônia). Ele é considerado já um homem, e responsável pelos seus atos. Meus pais organizaram uma pequena festa, pois não podiam arcar com altos custos, convidaram os poucos familiares que já estavam no Brasil também, alguns amigos da comunidade judaica em Santo André, e tinha que ter o minian. O Josef conta que, enquanto ele estava, todo emocionado, lendo a Parasháh (a parte da Torá que lhe foi dada para ler em seu bar-mitzvá), alguns convidados estavam conversando paralelamente, alheios ao momento... Isso deixou o Josef muito triste e decepcionado. Infelizmente, isso acontece até hoje, inclusive dentro das sinagogas.

Alguns anos depois de sua chegada ao Brasil, meu pai ajudou algumas famílias a virem para cá também. Uma delas é a do irmão mais novo da minha mãe, também sobrevivente do Holocausto e que estava morando em Israel: *dod* (tio) Avraham

Goldfreind, com sua esposa, *doda* (tia) Miriam, e seus dois filhos, Pnina e Yeoshua (apelidado de Chuca), que são um pouco mais velhos do que eu. Depois, já no Brasil, nasceu meu primo Josef (apelidado de Iosi), aliás, o mesmo apelido do meu irmão. Fiquei muito feliz com a vinda deles, porque eu teria família com quem podia brincar e que fazia parte da mesma cultura, isto é, não comemoravam o Natal, não tinha aquele estresse de só eu não ganhar presentes nesse dia. Nossa infância, juntos, foi muito especial. Atualmente, eles moram em Guaratinguetá, interior de São Paulo, e a *doda* Miriam ainda é um testemunho vivo do Holocausto.

Outra família (também sobrevivente do Holocausto) que meu pai ajudou a vir foi a de sua prima, *doda* Sônia, *dod* Shimic (seu nome era Shimon), e suas filhas, Orit e Nava. Meu primo Zezinho já nasceu depois, aqui no Brasil. A Orit já é falecida, e hoje tenho um laço bastante estreito com a Nava. Na minha infância, ela se dava melhor com a minha irmã, pois as duas têm quase a mesma idade.

Não posso deixar de mencionar famílias de Santo André que foram muito importantes em nossa vida: família Feldman, família Iantevi, dona Sara Kravcuks, com suas duas filhas Doba e Malka. A Malka (hoje falecida) tinha a mesma idade que eu, e foi uma ótima amiga para todos os momentos. Ainda tenho contato com a Doba (pessoa muito linda), que mora em São Paulo, com a família e com sua querida mãe. Lembro-me da avó delas, sra. Trajna Brucha (nascida na Ucrânia), que eu adotei como vó também, pois sentia muita falta de ter uma (já que todos os meus avós foram mortos nas câmaras de gás nos campos de concentração nazista). Dona Trajna era muito fofa e querida, e me lembro de momentos lindos no seu colo.

Também em Santo André, dona Clara, irmã da dona Sara, com seus filhos Izaque e Avi, que têm mais ou menos a mesma idade que eu, também foram alguns dos meus melhores amigos de infância. Mas fizeram *aliá* (foram morar em Israel).

Quero ressaltar algo muito importante: desde cedo, eu falava com D'us, com minhas próprias palavras, e isso não me foi ensinado por ninguém, acho que porque o costume é fazermos as rezas no shabbat, na sinagoga e também em datas e/ou acontecimentos especiais. Sempre tive uma ligação muito forte com D'us, mas ainda sem conhecê-lO como conheço hoje. Mas sei que Ele estava me preparando para algo maravilhoso, embora ainda não soubesse o que era.

LEÃO DA MONTANHA

Tenho lembranças do meu pai falando comigo sobre os tempos da Segunda Guerra Mundial e do sofrimento dos campos de concentração. Tudo o que ele vivenciou naquele tempo e suas impressões sobre o período ficaram documentados em seu livro *O Leão da Montanha* (2009)[3], do qual compartilho o trecho a seguir.

> As autoridades obrigavam os judeus a abrir suas lojas, depósitos e armazéns e confiscavam tudo o que era do seu agrado. Ninguém protestava, porque se alguém o

---

3 YAARI, Arie. *O leão da montanha*. 2. ed. Prolíbera, 2009.

fizesse, era morto na mesma hora. Todos se resignavam e entregavam o futuro a Deus e ao destino final. O regime de terror era indescritível. Comentava-se que os nazistas tinham em seus quartéis celas de tortura que superavam em crueldade as da Inquisição espanhola medieval.

Foi nesta situação que chegamos ao segundo semestre de 1940.

Embora haja tantos relatos documentados, fico revoltado com informações levianas que procuram convencer as pessoas de que essas coisas são exageros ou mentiras. Quem não viveu extremos não conhece a loucura reprimida na alma humana e não consegue acreditar em tamanha maldade (Yaari, 2009, p. 95).

Nos relatos judaicos do capítulo 12 do livro de Êxodo (*Shemot*), conta-se que, durante a libertação do povo hebreu, que estava cativo há centenas de anos no Egito, um ritual foi seguido. Segundo registro desse capítulo, nesse livro do pentateuco, uma série de recomendações foi passada por D'us para Moisés ordenar ao povo de Israel.

> "*Chamou pois Moisés a todos os anciãos de Israel, e disse-lhes: Escolhei e tomai vós cordeiros para vossas famílias, e sacrificai a páscoa. Então tomai um molho de hissopo, e molhai-o no sangue que estiver na bacia, e passai-o na verga da porta, e em ambas as ombreiras, do sangue que estiver na bacia; porém nenhum de vós saia da porta da sua casa até à manhã. Porque o SENHOR passará para ferir aos egípcios, porém quando vir o sangue na verga da porta, e em ambas as ombreiras, o SENHOR passará aquela porta,*

e não deixará o destruidor entrar em vossas casas, para vos ferir." (Êxodo 12: 21-23)

Essa passagem me chama muita atenção, porque esse ritual teve um significado específico para o povo de Israel, e tais símbolos são lembrados até hoje. Um exemplo são as raízes amargas que são utilizadas no jantar de Pessach (Páscoa judaica).

As raízes amargas fazem referência ao tempo de escravidão e sofrimento dos hebreus no cativeiro do Egito. Esse amargor ressurge em vários outros momentos da história do meu povo, como no Holocausto.

Creio que eu e meus irmãos aceitamos as coisas, não tivemos a **oportunidade** de querer, de gostar. Quem queria e gostava pela gente, principalmente, era minha mãe. Sinto que nas minhas raízes amargas, além de toda essa história de sofrimento vivida pelos meus pais, está também a falta de liberdade.

Eu não tinha liberdade, me sentia presa e não podia reagir. Minha reação precisava ser da maneira que meus pais queriam. Meu irmão, Josef, revoltou-se contra esses padrões quando chegou à adolescência.

Já a minha irmã Shoshana demorou um pouco mais para romper isso. Seu nome significa "rosa" em hebraico, mas a fonética dele no Brasil se tornou motivo de piada na escola em que ela estudava. Por isso, ela acabou adotando a tradução de seu nome para o português e eu achava aquilo estranho. Minha irmã sempre foi, para mim, um exemplo, um referencial de amiga, companheira, e eu me recusava a chamá-la de Rosa em casa. Não importava como ela se apresentasse aos outros, para mim, sempre foi a minha Shoshana.

Na nossa infância e adolescência, ela sempre foi a Shoshana boazinha, mas, chegando à fase adulta, cansou de se enquadrar aos padrões rígidos nos quais sempre fomos criados. Essas raízes amargas nos acompanharam e cada um de nós ainda têm fortes lembranças delas.

Enquanto meus irmãos romperam a amargura das nossas raízes há um bom tempo, eu ainda tento lidar com esse amargor. Tenho viva na memória a lembrança de minha mãe contando-me sobre um dos episódios chocantes ocorridos com os judeus na Segunda Guerra.

Ela me contou que no campo de concentração havia filas de judeus nus, que achavam que estavam indo tomar banho, e puseram outros judeus tocando música clássica, enquanto eles estavam nessas filas. Mas essas filas eram para ir para os chuveiros de gás, e os judeus não sabiam, ou talvez soubessem, mas não podiam fazer nada, porque, se não morressem nas câmaras de gás, morreriam pelos tiros dos soldados alemães.

Lembro-me de que, ao ouvir esse relato chocante da minha mãe, eu, ainda muito jovem, cheguei a pensar que minha mãe realmente estava enlouquecendo, porque era difícil acreditar que o ser humano pudesse ser tão cruel.

Porém, décadas mais tarde, quando assisti ao filme *A lista de Schindler*, vi uma cena exatamente como a que minha mãe havia descrito. Naquele momento, comecei a chorar e não consegui mais assistir, como se sentisse um misto de tristeza pelo meu povo e remorso por não ter acreditado em minha mãe antes.

Posteriormente, ao ler o relato do meu pai em seu livro, descobri que crianças de um orfanato foram atiradas para fora enquanto os alemães treinavam tiro ao alvo em seus corpos. Após entender que parece não haver limites para a maldade humana, passei a compreender a indignação de meu pai com relação aos que eufemizam esse período terrível da história e também a amargura de minha mãe ao compartilhar suas lembranças comigo.

Confesso que, ao pensar em tudo isso, sinto muita tristeza, e muitos questionamentos já vieram à minha mente.

Onde está D'us nisso tudo? Por que Ele permitiria tamanha barbárie?, cheguei a pensar.

Mas, ao mesmo tempo, sinto-me orgulhosa, porque, apesar de tanto sofrimento e até mesmo a ocorrência de genocídios ao longo da história, meu povo se mantém firme.

Sinto alegria por saber que D'us está em todos esses momentos e continua cuidando do meu povo, e isso se tornou ainda mais forte quando eu decidi buscá-lO e desenvolver um relacionamento mais próximo com Ele.

Apesar de sentir muita raiva por tudo isso ter acontecido com o meu povo, minha fé nunca foi abalada. Eu não conhecia a D'us como conheço hoje, mas sempre tive muito temor, no bom sentido, e nunca deixei de acreditar na Sua soberania.

PRIVILÉGIO

Apesar da tristeza ao pensar sobre muitos momentos da minha história e do meu povo, tenho orgulho do meu passado e de toda a jornada permeada por lutas que os meus antepassados vivenciaram ao longo dos séculos até o meu nascimento.

Chego a me sentir privilegiada, pois não olho para tudo isso com vitimização, mas como prova de que carrego em minha identidade a marca de um povo que tem uma capacidade única de superar tempos difíceis.

Vale também lembrar que não vejo isso como um troféu, como alguns parecem carregar por aí ou exigir qualquer tipo de compensação.

Sinto-me muito triste quando lembro que minha mãe me contava que era uma garota muito alegre, muito querida, mas teve que passar por isso e, depois dos 15 anos, viveu para sofrer. Ela teve os momentos felizes com os filhos, mas sofreu, viveu uma vida dolorosa. E meu pai, muito trabalhador, viveu uma vida sofrida também, teve os momentos felizes, mas tudo teve passagem pelo sofrimento.

Por isso digo que tenho orgulho de pertencer a esse povo, de ser parte dessa história, mas não faço disso um pódio que me coloca acima de qualquer pessoa. Faço parte de um povo que tem um único D'us, que respeita esse D'us... e isso, sim, é um **privilégio**.

יִשְׂרָאֵל

Por falar em orgulho e boas lembranças, quero recomendar a visita a um belo bairro de Israel. Ein Kerem não é exatamente um ponto turístico, mas sem dúvida é uma vila encantadora, situada em Jerusalém.
A vila fica localizada em uma encosta e em suas ruas estreitas é possível encontrar galerias e lojas que vendem joias e azulejos pintados à mão. Após o passeio, é possível fazer uma pausa em seus cafés e restaurantes mediterrâneos elegantes.
Apesar de toda a beleza do local, não é apenas isso que me conecta a ele, mas também o fato de eu saber que meu pai morou ali por um tempo, e minha irmã e meus netos, Samuel e Gabriel, nasceram lá, no Hospital Hadassah. Isso acaba gerando em mim uma conexão que ultrapassa limites geográficos, pois é uma ligação de sangue. Ein Kerem sempre me encanta.

2

Crescer sionista...

UMA OPORTUNIDADE

Pois possuíste os meus rins; entreteceste-me no ventre de minha mãe. Eu te louvarei, porque de um modo terrível, e tão maravilhoso fui formado; maravilhosas são as tuas obras, e a minha alma o sabe muito bem.

(Salmos 139:13-14, Bíblia João Ferreira de Almeida, Revista e Atualizada, SBB)

Quando minha família chegou ao Brasil, morou na cidade de São Paulo por um curto período. Isso não durou muito, porque se sustentar e pagar as contas já era muito difícil naquela época para quem estava chegando de outro país, sem muitas condições e tentando se estabelecer financeiramente. O aluguel de qualquer moradia era muito caro e meu pai não via mais possibilidade de continuar morando na capital.

LEÃO DA MONTANHA

Em paralelo à difícil situação que nos encontrávamos em São Paulo, meu pai soube de uma comunidade judaica muito forte em Santo André, e foi até lá à procura de alguns comerciantes judeus. Quando os encontrou, conversou com eles, que souberam da história da nossa família, e um deles, em especial, foi muito generoso, porque emprestou mercadorias para o meu pai trabalhar como mascate, vendendo roupas de cama, mesa e banho, a pé, de porta em porta. Isso foi essencial para que meu pai conseguisse progredir, como ele próprio conta nas páginas de seu livro.

Soube então que havia uma comunidade judaica razoável em Santo André e resolvi ir até lá para conhecer. Chegando lá, fui até a rua principal para tentar encontrar algum judeu e vi uma senhora que, a julgar pela aparência, não podia negar que era judia. Aproximei-me falando em iídiche, identifiquei-me como judeu e perguntei se poderia me encaminhar para algum representante da comunidade. Ela me indicou uma loja em frente do local onde eu a havia encontrado e sugeriu que eu procurasse o senhor Szmojs.

Entrei na loja e me apresentei, contei toda a minha história e como chegara até ele. Antes de mais nada, ele me perguntou se eu estava com fome e mandou um funcionário comprar um sanduíche e um refrigerante para mim, atitude tipicamente brasileira. Pensei comigo que, embora ele fosse um autêntico judeu polonês, eu havia encontrado uma alma caridosa que acreditou em mim e na minha vontade de trabalhar. O senhor Szmojs então me pediu para voltar no dia seguinte com toda a família para almoçarmos na sua casa.

Voltei a São Paulo muito feliz e contei a Fela o que me acontecera em Santo André. No dia seguinte, nos vestimos com nossas melhores roupas, com as crianças bem bonitinhas e arrumadinhas, e fomos para o tão esperado almoço. A família do senhor Szmojs mostrou-se encantada com a educação e os bons modos dos nossos filhos. Então, logo após o almoço, ele me levou para conversar com outro dirigente da comunidade local, que também me recebeu muito bem (Yaari, 2009, p. 246–247).

Quando chegamos a Santo André, eu ainda era muito nova, mas me lembro de termos morado em uma região mais afastada do centro da cidade. A nossa casa não tinha luxo, mas meus pais faziam questão de que fosse um lugar bem-arrumado e limpo. O chão era de um tipo de barro vermelho, muito rudimentar, mas bem encerado.

Com o tempo, meu pai conseguiu comprar um cavalo e pouco depois, uma charrete, para não precisar mais andar a pé e assim visitar mais casas e conseguir aumentar suas vendas. Depois de algum tempo, muito trabalho e também muita disciplina para economizar, ele conseguiu levar nossa família para uma casa mais bem localizada, no centro da cidade.

Essa mudança foi importante, porque não somente facilitou o nosso acesso às compras, mas também ampliou o acesso do meu pai aos clientes.

Lembro-me de que, eu ainda pequenina, com cerca de 7 anos, meu pai conseguiu comprar seu primeiro carro, um DKV, e eu por vezes saía com ele, em seu carro, para acompanhar suas vendas. Ele não falava bem português, mas creio que isso não era problema, pois dava um charme todo especial ao negócio. Quando ele parava em frente às casas e batia palmas para chamar a atenção de cada morador, já era possível ouvir a voz dos vizinhos comentando.

— O turco chegou! — eles diziam. Afinal, na época, para os brasileiros, não havia diferença entre os imigrantes vindos do Oriente Médio. Tanto judeus como árabes eram chamados de "turcos".

Diferente de hoje, naquele tempo, o negócio era baseado na confiança, na palavra, ou, como muitos diziam na época, "no fio do bigode". Então, a venda não tinha muitas palavras. Ele expunha a mercadoria, o freguês escolhia e ele anotava o endereço relacionado ao produto vendido. Depois, voltava para cobrar as parcelas que ele tinha combinado com o dono da casa.

Meu pai conseguiu sustentar toda a família vendendo roupas de cama, mesa e banho, na charrete, de porta em porta, e a organização financeira dele sempre foi exemplar.

Com o tempo, ele conseguiu juntar dinheiro para construir uma casa no centro de Santo André e também um estabelecimento comercial ao lado, que posteriormente veio a lhe trazer renda como um imóvel alugado para outros comerciantes.

Apesar de ter construído o estabelecimento comercial, meu pai sempre acreditou no poder das vendas de porta em porta e por isso continuou a investir nessa área, com a compra do carro — o que ampliou suas possibilidades de negócios, mas também nos rendeu momentos um tanto quanto cheios de "emoção", grandes aventuras.

Nas vilas que ele ia vender, não tinha asfalto, a estrada era de terra e, quando chovia, tudo se tornava lama. Por isso, volta e meia o carro atolava e ele tinha que descer para tentar resolver o problema. Além de todo o trabalho para desatolar o automóvel, ele ainda tinha que me aguentar chorando, porque eu ficava desesperada e achava que nunca mais ia chegar em casa.

Enquanto isso, a minha mãe tinha que cuidar dos filhos e tudo que dizia respeito à casa — o que também não tinha facilidades. Fazer café da manhã, almoço e jantar, limpar tudo, lavar roupas e ainda dar conta de mim e dos meus irmãos não eram tarefas fáceis, mesmo com a ajuda da minha irmã. Por isso, apesar de a vida ter melhorado no Brasil, não posso dizer que foi fácil, mas meus pais nunca esmoreceram diante das adversidades e sempre foram muito trabalhadores. Como viveram momentos de verdadeira miséria nos campos de concentração, economizar sempre foi regra em nossa casa, o que é muito diferente de mesquinharia. Eles simplesmente direcionavam as finanças para providenciar o que viam como necessário. Sendo assim, alimentação e educação se tornaram prioridade.

✡

Meus pais me matricularam em uma escola judaica (a Escola *Ídish*) de Santo André, para os estudos da fase pré-escolar.

Apesar de quererem me manter em um local que ajudaria a preservar em mim a cultura de nossas raízes judaicas, eles acabaram tirando-me de lá porque os custos estavam acima de sua capacidade financeira e eu fui cursar o primário em uma escola estadual.

É incrível como meu pai tinha didática para me passar seus conhecimentos, e ele arrumava tempo para isso! Quando eu era pequena, ele me ensinou os nomes de todos os estados do Brasil e suas capitais, e não era um fato cansativo pra mim, ao contrário, eu me deliciava com seu jeito de ensinar e de testar **a lição** comigo depois, como uma brincadeira. Em uma de nossas mudanças de casa para São Paulo, fomos morar no bairro da Vila Mariana, e nossa casa ficava perto de uma biblioteca. Eu ia para lá e passava tardes inteiras lendo livrinhos infantis. Isso teve um bom reflexo em minha vida adulta! Amo livros! Para mim, o maior tesouro "material" que tenho é a minha biblioteca pessoal. Isso me lembra a enorme biblioteca na casa de meus pais.

Lembro-me de uma vez, não sei em que ano do ginásio, a professora de história geral pediu que cada aluno fizesse e apresentasse um trabalho. Eu contei isso para o meu pai, e ele me deu a ideia de contar a história da Guerra dos Seis Dias em Israel. Ele me orientou como escrever e como apresentar, até com desenhos para eu fazer na lousa, mostrando as táticas que o exército de Israel utilizou e que o levou à vitória contra todos os países árabes que o rodeavam! Logicamente, não posso deixar de dizer que creio que D'us estava à frente de tudo, como general de guerra, como Ele mesmo Se intitula várias vezes no Tanach (todos os livros do Primeiro Testamento). Voltando à aula, a professora ficou boquiaberta, maravilhada com a apresentação, me perguntou qual nota eu achava que merecia, me elogiou e deu nota 10, com todo o gosto! Isso foi muito importante para a minha autoestima, que não era lá essas coisas.

Sempre fui uma boa aluna, estudava bastante e minha mãe sempre verificava e cobrava as minhas tarefas da escola de mim e de meus irmãos. Eu não podia brincar enquanto não tivesse terminado a lição de casa e passado pela revisão da dona Fela (era com esse nome que ela era conhecida).

Além das lições de casa, eu também tinha de ler pelo menos um capítulo de um livro infantil e fazer um tipo de resenha para mostrar à minha mãe.

Mesmo nossa família sendo de baixa condição financeira, minha mãe fazia questão que eu sempre andasse arrumada como uma boneca e para ir à escola não era diferente. Lembro que, certa vez, uma professora me elogiou na frente de todos os meus colegas de classe:

— Paulina, como seus sapatinhos são engraxadinhos, como você está bem-arrumada, que linda que você está! — disse ela.

Eu era muito tímida e, como já disse, tinha uma autoestima um pouco baixa, por muitas vezes me sentir deslocada em razão das diferenças culturais entre a minha família e a dos brasileiros com quem eu convivia. Aquela professora fez eu me sentir tão bem, elevou a minha autoestima de tal maneira que quase a endeusei a partir daquele momento.

Como nem tudo eram flores, os choques culturais se manifestavam e continuavam marcando a minha infância, mostrando--me que não há vilões e mocinhos personificados em nossa história, mas que a intolerância e a dificuldade de lidar com o que é diferente podem deixar feridas.

Mesmo eu gostando de brincar com as minhas vizinhas, a dificuldade de lidar com as diferenças culturais era inevitável e se manifestava, apesar da "pureza" das crianças. Exemplo disso é que, na época do Natal, todas elas chegavam à minha casa ou iam brincar na rua com presentes novos, enquanto eu não tinha nada novo para mostrar. Afinal, não celebrávamos essa data, já que é uma festividade cristã e nós somos judeus.

Como se não bastasse, nesse tempo de escola primária, eu detestava uma aula obrigatória, a de religião (católica). Sabendo que meus pais eram judeus, os professores e diretores da escola perguntaram a eles se eu poderia ficar na aula — porque, caso contrário, eu teria de ficar sozinha na classe. Mesmo receosos, meus pais autorizaram que eu ficasse na aula, tentando evitar que eu me isolasse do restante da turma. Mas a ideia não foi tão boa assim.

No meio de uma das aulas, uma professora começou a falar que os judeus mataram Jesus.

— Mas como são os judeus, professora? O que eles fazem? — perguntou um dos alunos, curioso.

— Bem, vocês podem perguntar à Paulina. Ela, os pais e os irmãos são judeus — respondeu a professora.

No mesmo instante, toda a sala se virou para mim, e eu senti como se eles estivessem olhando para uma criminosa:

"a assassina de Jesus". Enquanto isso, eu me questionava sobre o porquê daqueles olhares de julgamento sobre mim, sendo que eu nem mesmo conhecia direito aquela história, já que faz parte da cultura cristã e não do judaísmo tradicional. Na verdade, eu ouvia meu pai falar de Jesus como um homem muito bom, cheio de amor ao próximo, um profeta. *Se essas pessoas dizem que são seguidoras de Jesus, como elas podem ter atitudes como esta, de falta de amor por mim?*, eu pensava.

Fato é que, chegando em casa, contei aos meus pais e eles ficaram furiosos. Foram à escola reclamar do ocorrido e decidiram não me deixar mais assistir às aulas daquela matéria.

Naquela época, não se falava em bullying, em intolerância religiosa, nem havia leis contra isso, mas as marcas deixadas pelo preconceito e a discriminação já eram reais, como desde sempre.

Apesar de ter sofrido com a triste revelação da intolerância, senti minha ferida recebendo um bálsamo ainda criança, pois percebi que havia grandes chances de encontrar um cenário no qual eu poderia me sentir bem, acolhida e compreendida. Isso ocorreu quando comecei a fazer amizades dentro da coletividade judaica.

Todo aquele contexto de celebração das festividades judaicas e o carinho das pessoas da coletividade, não somente comigo, mas com os meus pais, me fazia muito bem. Minha mãe também passou a participar de um grupo de senhoras chamado "Pioneiras", que se engaja em obras sociais tanto para ajudar pessoas em vulnerabilidade social quanto para arrecadar dinheiro para ajudar as famílias em Israel.

Creio que o fato de sentir uma coerência entre o que eu aprendia em casa e o que era ensinado nesses encontros fez com que a coletividade se tornasse um local acolhedor para mim, onde eu me sentia mais segura, sentia que não seria julgada por minhas crenças; foi assim acabei me envolvendo ainda mais no judaísmo.

Tomei gosto e senti que estava me encontrando cada vez mais dentro do judaísmo, gostava das propostas que surgiam como uma chance de me aprofundar na cultura e na religião judaicas.

Enquanto eu era cada vez mais conquistada pela minha própria cultura, conheci os Feldman, uma família muito amistosa de Santo André. Um dos filhos, chamado Sérgio, veio perguntar para o meu pai se ele poderia me levar para conhecer o movimento sionista, que ele já frequentava há algum tempo em São Paulo. Meus pais ficaram muito felizes com o convite, porque boa parte das minhas amizades ainda era católica e eles acharam muito saudável que eu também me envolvesse com judeus para reforçar em mim os valores do judaísmo.

Sendo assim, comecei a ir para aquela casa situada no bairro do Bom Retiro, em São Paulo. Eu participava nos finais de semana da celebração do shabbat — o dia sagrado do descanso —, que começa ao pôr do sol da sexta e vai até o pôr do sol do sábado.

Sempre era uma menina e um menino que acendiam as velas. Depois a menina fazia uma reza, que eu já havia aprendido, porque via a minha mãe fazendo em casa. Com as velas acesas, entoávamos os cânticos em hebraico, uma breve palestra, e então íamos para o lado de fora, onde brincávamos bastante, fazíamos as danças judaicas e tudo terminava em festa. Era muito gostoso. Tudo o que estava ligado à liturgia era falado e cantado em hebraico. Já nos momentos de lazer, o português também era usado, mas em uma grande mistura dos dois idiomas.

As músicas, os cantos e as danças eram muito alegres e, embora eu ainda não entendesse muito do hebraico por estar iniciando o meu aprendizado do idioma naquela época, hoje eu sei que a maioria dos cânticos eram Salmos e as danças davam boas-vindas ao sábado, dizendo sempre "Shabbat Shalom", que quer dizer: "Que tenhamos um bom sábado, um dia de descanso e paz".

Todas as atividades que realizávamos no movimento sionista culminavam em um objetivo central: manter viva em nós a cultura judaica por meio de uma verdadeira imersão, para gerar em nós o desejo de visitar e até mesmo morar em Israel.

É justamente desse propósito que surge o termo "sionista", pois são aqueles que defendem a ideia de o povo retornar a Israel e morar em Sião.

Algo que também me encantava muito no movimento sionista é que ele se estendia em diversos grupos, que nas férias se encontravam para realizar acampamentos no interior de São Paulo e até mesmo viagens internacionais, que se transformavam em grandes encontros de confraternização, fortaleciam nossos laços de amizade e potencializavam a imersão proposta.

Os acampamentos eram cheios de brincadeiras, como Rouba Bandeira, mas realizadas à noite — o que gerava grandes expectativas entre os adolescentes e jovens dos grupos. Nós tínhamos que ir de roupa escura, pintar o rosto de preto para conseguir chegar até o "quartel-general" do adversário sem sermos notados, e pegar a bandeirinha. Confesso que eu era muito boa nesse jogo e gostava muito de praticar esportes, cantar e dançar nesses acampamentos.

O tempo que frequentei o movimento sionista foi uma das melhores épocas da minha vida. A melhor coisa que o Sérgio fez por mim foi me levar para lá, porque lá eu tive bastante contato com os judeus, com a juventude da coletividade judaica, e esse contato com o Movimento Sionista Dror (que quer dizer "liberdade") em São Paulo só reforçou em mim o sentimento de pertencimento, acolhimento e aceitação. Fiquei no Dror dos 12 aos 17 anos, quando fiz uma viagem pelo mundo com meus pais.

CHAVERIM

Para mim, falar dos bons tempos que vivenciei no Dror é falar também dos bons amigos que fiz nesse período, e mantenho essas amizades até hoje. Em hebraico, o termo "amigos" se escreve חברים (lê-se *chaverim*, sendo que esse "ch" tem um som de "R"). Sem dúvida alguma, encontrar essas amizades fez toda a diferença na minha vida.

Enquanto na escola, tanto no primário quanto no ginásio, sofri alguns fatos com antissemitismo (e isso me fez, muitas vezes, sentir vergonha ou medo de dizer que era judia), no Dror, eu resgatei minha identidade judaica. Resgatei, também, minha autoestima... Tenho que agradecer ao Sérgio Feldman por ter tido a ideia de me convidar e me levar para o Dror. Também não posso deixar de mencionar meus amigos mais chegados daquela época: a Betinha, cuja mãe me adotou (muitas vezes, eu dormia na casa dela enquanto morei em Santo André, e mesmo depois), os queridos irmãos Leonardo (o Lelê) e a Estherzinha, o Ivo Kilinsky, a Selma (minha melhor amiga em São Paulo), a Sheila (minha melhor amiga no Rio de Janeiro), e o Fernando, com quem namorei durante uns dois anos.

Em paralelo com o meu envolvimento no movimento sionista, minha família também decidiu se mudar para São Paulo — o que acabou facilitando ainda mais a minha relação com o grupo Dror. Com a situação financeira do meu pai já um pouco mais estável, conseguimos alugar uma casa na Vila Mariana.

Meus pais não deixavam de investir na vida dos filhos! Minha mãe fez questão de que eu fizesse um curso de boas maneiras — isso era um luxo na época (a professora vinha em casa) —, e esse curso incluía jeito de andar, de se sentar, maquiagem, colocar a mesa à francesa etc. Mais tarde, fiz também curso de secretária bilíngue, com datilografia e taquigrafia, e isso me ajudou muito nos trabalhos escolares.

Nessa época, minha irmã começou a estudar química industrial e a trabalhar em uma empresa, sendo muito reconhecida em seu trabalho. Ela estava muito satisfeita com esse sucesso profissional.

Pouco tempo depois, meus pais resolveram que seria interessante levar a minha irmã para uma viagem a Israel, e minha mãe viajou com ela para lá. Eu fiquei com meu pai e meu irmão em São Paulo, ajudando a cuidar da casa.

Para mim, foi terrível lidar com a partida da minha irmã, porque eu realmente senti a saída dela como uma grande perda. Minha Shoshana havia ido embora para Israel.

Tudo potencializava minha tristeza: o fato de estar sozinha em casa, sem minha mãe, sem minha irmã, tentando limpar tudo, cuidar dos afazeres de casa, que ainda não eram tão comuns para a Paulina adolescente.

Como se não bastasse a dificuldade de lidar com tudo isso, quando menos esperava, recebi a notícia de que minha irmã havia conhecido um rapaz em Israel e estava prestes a se casar por lá. Meu pai viajou para lá com o objetivo de se juntar à minha mãe e acompanhar o casamento. Como a vida ainda era muito difícil em Israel naquele tempo, meus pais não queriam que minha irmã e o marido morassem lá. Por sua vez, meu cunhado gostou da ideia de mudar-se para o Brasil, afinal, naqueles tempos, não importava qual era o país da América ou Europa, ambos os continentes eram vistos como oportunidades melhores que Israel. Sendo assim, dias depois, estavam todos de volta a São Paulo, e trazendo com eles o novo integrante da família.

Lembro que, no dia em que eles chegaram, fiquei tão feliz que, quando os vi abrindo o portão de casa, do meu quarto no andar de cima, desci correndo as escadas para abraçar a minha irmã e acabei levando um tombo. Mas a reação dela ao entrar em casa e me ver foi como um balde de água fria sobre toda a minha empolgação. Ela parecia apática, indiferente, como se tivesse apenas dormido uma noite fora, como se nem mesmo estivesse com saudade de sua Paulina. Do tombo que levei, nem mesmo uma reação por parte dela. A minha querida Shoshana, que cuidava tão bem de mim, me olhou, no chão, como se nada tivesse acontecido comigo. Eu procurava em seus olhos aquele carinho de sempre e já não o via mais.

O que aconteceu com a minha Shoshana? O que fizeram com ela?, eu me questionava em pensamento.

Aquela jovem que antes me abraçava com um amor de irmã mais velha havia se tornado alguém irreconhecível para mim, estando casada com um homem que, para mim, era de difícil convivência.

As dificuldades de relacionamento com meu cunhado, que foram surgindo dentro da minha família, talvez tenham origem também nas nossas diferentes raízes étnicas. Apesar de ambas as famílias serem de origem judaica, ele é sefardita — judeus espanhóis e/ou árabes, enquanto nossa família é de Asquenazim (judeus provenientes da Europa Oriental que utilizam o idioma, *idish*, dialeto do alemão misturado com palavras do hebraico). Os judeus sefarditas têm costumes diferentes dos provenientes de outros países europeus, como Alemanha e Polônia. Ninguém é melhor que ninguém, mas talvez isso tenha criado uma relação complicada no tocante à alimentação e a alguns costumes que seguíamos em família antes da chegada dele.

Shoshana e o marido moraram em nossa casa por um bom tempo. Logo, ela engravidou e minha sobrinha nasceu. Deram-lhe o nome de Paulin, em homenagem à mãe do meu cunhado, que tinha esse mesmo nome. Enfim, uma esperança de que toda a tensão pudesse ser amenizada com a tão festejada chegada dessa criança a esse lar.

Porém, apesar de ter me mudado para São Paulo e encontrado no movimento sionista um cenário de acolhimento e aceitação, o mundo fora desse contexto continuava com suas crueldades e intolerâncias. Na adolescência, infelizmente, voltei a sofrer com episódios de antissemitismo. Lembro-me de quando uma professora de educação física pediu que os alunos fizessem alguma atividade e eu, por algum motivo, não fiz corretamente. Ela ficou muito brava, me chamou atenção e disse:

— Volta para a sua terra, menina. O que você está fazendo aqui?

E eu não entendia aquilo. O que ela queria dizer com "minha terra"? Eu nasci aqui, em São Paulo. Pouco depois, entendi que ela estava me discriminando por ser judia. Curiosidade: eu pesquisei de onde vem a palavra "cristão" e soube que vem do grego, e quer dizer "cristos pequenos"... Novamente, penso: *Cristos pequenos deveriam imitar o Cristo!*

Diferente dos tempos atuais, em que somos protegidos por leis um pouco mais incisivas com relação à intolerância étnico-religiosa, naquela época, a discriminação era muito mais aberta. O fato de uma adolescente usar adereços, como um pingente com a Estrela de Davi, um rapaz usar um quipá ou um chapéu de pelo (*shtreimel*) e deixar as costeletas grandes, poderia ser um sinal de grande coragem da nossa parte.

Por mais que as situações de intolerância e o cenário acolhedor do movimento sionista parecessem um tanto antagônicas, elas acabavam somando forças para um único desejo em minha vida: morar em Israel.

Enquanto o antissemitismo parecia querer me expulsar do Brasil, a minha convivência no Dror só me

> mostrava o quanto a possibilidade
> de viver imersa na cultura judaica
> 24 horas por dia era fascinante.

Eu sentia que esse desejo estava ganhando força de tal modo que nada mais poderia me segurar no Brasil quando eu percebesse a primeira oportunidade de partir para Israel.

À medida que eu sonhava com a minha partida para onde se encontrava o princípio da história de meus antepassados, passei a ficar cada vez mais atenta às oportunidades que poderiam surgir para essa grande realização, e foi justamente de uma dificuldade de minha irmã e meu cunhado que surgiu a chance que eu tanto esperava.

Shoshana e meu cunhado não conseguiram se adaptar ao Brasil e Paulin, a filhinha deles, já havia nascido. Então, resolveram voltar a Israel. Inicialmente, foi mais um choque para mim, porque qualquer esperança ainda remota que eu tinha de retomar meu relacionamento com minha irmã parecia ter enfim acabado com a partida dela novamente. Além disso, acabei apegando-me muito à minha sobrinha, que eu chamava de Lina e não queria mais que me separassem dela.

Mas, depois de um tempo que minha irmã partiu, meu pai lançou mão de algumas economias que havia juntado para não somente fazer uma viagem pelo mundo, mas também me enviar para Israel. Na época, dezembro de 1971, eu estava cursando o segundo ano do colegial e meu pai conseguiu que a minha escola antecipasse minhas provas.

Como minha irmã havia ido para Israel e acabara de dar à luz seu segundo filho, Victor, naquele país distante, ela estava precisando de ajuda para cuidar da criança, e meu cunhado também tinha de passar o dia fora de casa para trabalhar. Por isso, meu pai planejou essa viagem.

— Paulina, vou mandar você antes para Israel para você poder ajudar Shoshana com o bebê dela e também cuidar da Lina — ele disse.

Aliando a motivação de realizar esse sonho à dedicação que sempre tive aos estudos, fui facilmente aprovada em todos os testes necessários para que o colégio me liberasse. Fui então para Israel e lá passei cerca de três meses, até março do ano seguinte.

Confesso que eu não tinha tanta liberdade quanto qualquer outro jovem deseja, mas, no final das contas, entendia que eu estava lá para cuidar dos meus sobrinhos, e os passeios aconteciam nas horas vagas — um tanto raras, diga-se de passagem.

Minha irmã morava em um bairro chamado Bat Yam e só me deixava fazer um passeio de vez em quando, que era pegar um ônibus, ir até a rodoviária e voltar. Bem, não era exatamente a programação turística que uma adolescente queria, mas eu fazia o possível para que aquele momento se tornasse agradável. Na rodoviária, eu aproveitava para comer faláfel (comida típica israelense), que são bolinhos fritos de grão-de-bico, e isso me ajudava a perceber o quanto podemos aproveitar momentos simples da vida.

✡

No entanto, ainda havia surpresas me aguardando naquela viagem. Meus amigos do Dror (movimento sionista) de São Paulo estavam passando uma temporada em Israel, e, quando souberam que eu estava lá, foram me visitar. Quando me encontraram, pediram à minha irmã que me deixasse ir com eles ao kibutz, um tipo de comunidade autossustentável, onde eles estavam hospedados, no Norte do país.

Geralmente, os kibutzim se localizam bem afastados dos centros comerciais, nas beiras das estradas, e todas as pessoas que moram nesses locais consomem o que é produzido dentro da própria comunidade. Por isso, eles têm plantações, criações de animais, comércio próprio, convivem como uma comunidade democrática voluntária, onde as pessoas vivem e trabalham em conjunto para produzir economicamente, baseando-se nos princípios da posse de propriedade comunal e da igualdade social.

Minha irmã permitiu que eu fosse com eles e a experiência foi maravilhosa. O kibutz se localizava quase na fronteira com o Líbano e era um lugar lindo. Posso dizer que eu e meus amigos nos sentimos em casa, porque encontramos lá tudo o que estávamos acostumados a fazer no Dror, como danças, cantos e brincadeiras.

Nesse kibutz, conheci um rapaz que lá morava e me deixou encantada por ser um sonhador, acreditar no ideal e no valor da comunidade onde vivia. Em uma noite de bailinho, ele me convidou para passear e tivemos uma noite bem espontânea, mas também muito romântica, porque sobre nós havia apenas a luz das estrelas.

Conversamos bastante em inglês, eu perguntei mais sobre a vida no kibutz e ele me falou que jamais sairia de lá, que Israel dependia dos moradores dessas comunidades, porque eles trabalham na agronomia, nas plantações, e que tinha muito orgulho disso. Após muita conversa e encantamento, namoramos durante a semana restante que fiquei no kibutz com meus amigos.

Ele era um cavalheiro e fez questão de me acompanhar até a rodoviária da cidade mais próxima ao kibutz. Na despedida, entregou-me uma carta em hebraico, que guardo comigo até hoje. Na época, eu não consegui entender o que estava escrito, porque não sabia ler bem o idioma.

A verdade é que aqueles dias no kibutz e a convivência com aquele rapaz serviram para mudar por completo a impressão que eu estava tendo de Israel até chegar àquele local. Durante os meses que morei na casa da minha irmã, o pouco contato que tive com a população naquele país não foi tão positivo.

O povo lá não era muito receptivo, pois Israel ainda era um estado-nação jovem, com apenas 30 anos, e os judeus que moravam lá não aceitavam que outros da mesma religião estivessem ali simplesmente para passar uma temporada e não morar definitivamente.

— Precisamos de todos os judeus aqui, para lutar por nosso país — eles argumentavam.

Se eles não recebiam bem os próprios irmãos judeus que moravam fora do país, imaginem, então, os turistas. Mas, depois dessa viagem para o kibutz, eu mudei totalmente a minha visão sobre isso. Foi um passeio lindo, como um sonho bom, e, quando os meus pais foram lá para ver a minha irmã e me buscar, abri o meu coração para eles.

— Eu não quero mais ir embora! Quero morar aqui — eu disse a eles.

Simplesmente manifestei o meu desejo, mas não falei o motivo, pois eles já imaginavam que eu tinha conhecido alguém e deu para ver isso nos olhos deles quando me expressei sobre minha mudança de planos.

Para os meus pais, seria o fim do mundo se eu fosse morar em Israel. Afinal, eles não queriam mais uma filha morando longe, distante deles.

Fato é que meus pais tentaram esquecer tal preocupação — e também me fazer esquecer dessa ideia — aproveitando um tempo de viagem comigo por aquele território maravilhoso e cheio de tanta história a ser contada. Por mais que ainda fosse possível "sentir" que muita dor já passou por aquelas terras, pisar ali e respirar aquele ar, visitar Israel, tinha uma importância muito grande para nós, pois significava uma reconexão com nossas raízes.

Mas, e quanto ao rapaz do kibutz? Bem, nunca mais tive notícias dele. Cinquenta anos depois daqueles dias maravilhosos que passei lá, mostrei a carta à minha neta que mora em Israel e estava visitando o Brasil. Como ela domina muito bem o hebraico, entendeu bem o que estava escrito e se encantou com o conteúdo.

— Ai, vó! Que bonitinho. Você nunca mais o viu? — ela perguntou.

— Não o vi mais. Nem sei se ele manteve sua palavra e continuou no kibutz, se está em outra região de Israel ou se mudou para outro país.

Como teria sido a minha vida se eu ousasse insistir com meus pais para ficar em Israel? Confesso que não faço ideia. Mas hoje, olhando para trás, sinto que, se desisti da ideia, foi porque ela não ardeu o suficiente em meu coração na ocasião.

✡

Se a viagem com meus pais foi vista como uma forma de esquecer um pouco os meus planos de ficar em Israel, não sei dizer exatamente. Porém, o que posso dizer com certeza é que foi de fato um tempo de qualidade em família. Visitamos muitos lugares lindos que nos emocionaram muito.

Fomos fazer um tour em Israel e naquela época foi muito legal, porque eu consegui ir para Belém, que hoje pertence aos árabes — o que tornou o acesso ao local muito mais restrito do que era naqueles dias. Fui também a Hebrom, onde estão os túmulos dos patriarcas, lugar onde hoje os judeus também não podem entrar, porque pertence à Cisjordânia.

Visitei também muitos outros lugares, como Jerusalém, onde cheguei a adentrar a mesquita da Cúpula Dourada — que atualmente também proíbe que judeus acessem seu interior.

Israel é pura poesia
em forma de país!

Mas a nossa viagem não se encerrou em Israel. De lá, fomos para a Europa, onde visitamos diversos países, como a Grécia, a pedido meu, porque eu sempre gostei de história. Para mim, foi maravilhoso. Muito antes dessa viagem, meu pai me ensinou os nomes de todos os países da Europa e suas capitais... E nessa viagem eu levei comigo um caderninho, e, em cada país onde chegávamos, eu fazia o desenho da sua bandeira, anotava qual a moeda do país e pegava uma florzinha de lá, colocando-a na página do caderno. Tenho esse caderno até hoje. Fico feliz de ter feito isso. Hoje, com a globalização e só uma moeda, o euro, não temos tantas coisas diferentes como naquela época... E eu curto demais as diferenças!

— Está bom, vamos para a Grécia, porque lá também tem muita riqueza histórica — disse o meu pai.

Fomos também à Espanha, um país apaixonado por futebol como o Brasil e que nos recebeu muito bem, porque nos viam como "embaixadores" do futebol e do Carnaval.

— *Brasileños!* Pelé! Pelé! — diziam eles, sorrindo para nós, com uma alegria, parecendo que nos carregariam no colo se fosse preciso.

Lembro que, quando passamos pelo município de Palma, na ilha de Maiorca (Espanha), conheci o garçom de um hotel que pediu "pelo amor de Deus" aos meus pais se poderia me levar a um baile alguma noite. Meu pai deixou que eu saísse com ele e fomos ao baile. Chegando lá, o rapaz espalhou a notícia de que estava com uma brasileira e todos começaram a pedir para que eu sambasse. Imagina só... eu não sabia sambar. Fiz alguma coisa parecida com samba e o pessoal ficou maravilhado. Na época, foi maravilhoso mesmo, porque eu sentia muito orgulho de ser brasileira.

Depois de passarmos pela Europa, fomos para os Estados Unidos, onde havia alguns parentes do meu pai, e conseguimos encontrá-los em Nova Iorque.

Logo nos primeiros dias que ficamos em Nova Iorque, meus pais me matricularam em uma faculdade para fazer um curso de inglês. Porém, com o passar dos dias, percebi que a cidade já era bastante movimentada, com multidões e aglomerações espalhadas por todos os lados. Aquilo me deixou um tanto desconfortável, mas, até então, eu estava relevando, em consideração ao momento em família e à oportunidade de aprimorar o meu inglês.

Passadas algumas semanas, fomos a Toronto, no Canadá, porque minha mãe tinha uma irmã morando lá e também fomos visitá-la.

No Canadá, também acabamos encontrando mais primos do meu pai, que, fugindo da perseguição e da guerra, saíram da Polônia e conseguiram alguma estabilidade no país norte-

-americano. Esses encontros de família só tornaram nossa viagem ainda mais agradável, marcada por muita festa.

✡

A questão é que me apaixonei pelo Canadá, em muitos aspectos. As paisagens, o estilo de vida, a calmaria, a educação do povo... tudo me agradou. Ao ver que me identifiquei muito com o país e que eu teria de voltar a Nova Iorque para estudar, minha tia, que estava nos recebendo, falou aos meus pais:

— Deixem a Paulina aqui conosco. Em Toronto temos uma faculdade com cursos de inglês para estrangeiros.

Meus pais gostaram da ideia e, antes de voltarem ao Brasil, foram à Universidade de Toronto e fizeram a minha matrícula para passar uma temporada na cidade, estudando inglês. Eles voltaram para São Paulo e eu fiquei uma temporada morando na casa da minha tia, estudando no Canadá.

Fazer aquele curso foi uma experiência maravilhosa de imersão cultural — não apenas canadense, mas uma cultura de fato internacional, universal, pois era possível encontrar pessoas do mundo inteiro lá.

Durante aqueles meses que lá morei, descobri que os brasileiros não estavam em alta somente na Espanha, mas também no Canadá. Como o ano era 1972 e a Seleção Brasileira de Futebol havia conquistado a taça da Copa do Mundo em 1970, o nome de Pelé realmente era quase que um refrão na boca dos canadenses, principalmente quando ouviam falar sobre o Brasil.

Como eu era a única brasileira no curso, gerei bastante expectativa entre os meus colegas e professores. Expectativa essa que me levou a conquistar um feito que eu jamais imaginei que conseguiria. Eu me superei!

Naqueles dias, o Santos Futebol Clube foi jogar um amistoso com um time canadense em Toronto. E o pessoal da faculdade soube que "o time do Pelé" estaria na cidade.

— Paulina, você precisa fazer alguma coisa para conseguir encontrar o Pelé — eles diziam.

Fato é que todos queriam assistir ao jogo, mas eram estudantes e não tinham dinheiro para comprar os ingressos. Bem, eu assumi a missão, não só de encontrar o Pelé, mas também de tentar conseguir pelo menos algum desconto na compra das entradas. Então, descobri qual era o hotel que todo o time do Santos estava hospedando e liguei para lá.

Obviamente que nos dias de hoje isso não aconteceria de maneira alguma, mas creio que, naquela época, os procedimentos e também as pessoas eram mais simples, mais práticas, sem tantos protocolos. Sendo assim, expliquei tudo à recepção do hotel.

— Eu sou uma estudante brasileira aqui em Toronto. Eu gostaria muito de conseguir falar com o Pelé e também de assistir ao jogo do time dele com os meus colegas, mas estamos sem dinheiro.

Eles transferiram a minha ligação para o próprio "rei", que me atendeu.

— Você quer ver o jogo do Santos aqui em Toronto? Claro que posso ajudar. Venha aqui ao hotel, que eu vou arrumar os ingressos. Quantos você quer? — ele perguntou.

Naquele momento, fiquei tão surpresa com a simplicidade que ele atendeu ao meu telefonema que nem soube direito o que responder.

— Ah, sei lá, são muitos estudantes, mas se você puder dar uns cinco ingressos, a gente já está muito feliz — eu respondi.

— Então venha amanhã aqui ao hotel, que eu entrego a você — ele disse.

Fomos no dia seguinte, eu me apresentei e estava todo o time do Santos lá. Até hoje, eu tenho um papel que foi autografado por todos os jogadores, incluindo o Pelé, que também nos recebeu muito bem, nos apresentou a todo o time e nos entregou dez ingressos. Com isso, toda a turma conseguiu ir assistir ao jogo do Santos, que ganhou a partida.

O futebol brasileiro estava muito cotado, muito famoso na época, e assim foi a aventura das mais inusitadas que vivi na minha adolescência.

Até o final do curso, meus colegas e professores continuaram manifestando sua admiração por elementos da cultura brasileira. Além do futebol, também gostavam muito da música e me pediram que cantasse "Garota de Ipanema" na festa de formatura. Atendendo ao pedido dos colegas, ensaiei com um rapaz que tocava violão muito bem e me apresentei na ocasião.

A verdade é que eu aproveitava muito esses momentos que me lembravam tanto o Brasil, mas, acima de tudo, só aumentavam a minha saudade de casa, dos meus pais. Logo após terminar meus estudos no Canadá, voltei o mais rápido possível para São Paulo.

O mundo é grande. É impossível colocá-lo em uma única forma quando a sua criação foi realizada por um D'us imutável, mas multiforme em sabedoria e atos.

O meu retorno a São Paulo gerou em mim grande expectativa, porque eu estava com muita saudade da minha família e estava voltando cheia de novas experiências, já enxergando o mundo de outra forma, com uma visão um pouco mais ampliada, multicultural. Um olhar de quem ultrapassou fronteiras geográficas e pessoais, um olhar mais profundo e mais amplo. Apesar disso, não contava com o fato de que muitas coisas estavam me esperando em São Paulo, para seguir acrescentando experiências à minha vida.

Após ter matado a saudade da minha família, fui ao Dror para rever os meus amigos e reencontrei o Sérgio, um rapaz que também frequentava o movimento juvenil já na época que eu havia entrado para a organização.

Quando o conheci, eu ainda tinha 12 anos e ele tinha cerca de 14. Como ele era do grupo dos mais velhos, causava certo alvoroço entre as meninas da minha idade. Brincalhão, bonito, rico, charmoso, enfim... como dizíamos na época, "o pão".

Para mim, ele parecia "inatingível" e até um tanto "perigoso". Era muito namorador e, quando eu voltei do Canadá, não foi diferente: ele estava namorando uma moça.

Como eu estava à procura de emprego, mandei meu currículo para vários lugares — agora, com o diferencial de falar inglês fluente. Fui chamada para diversas entrevistas de empresas que gostaram das minhas habilidades e optei por uma agência de turismo no centro de São Paulo.

Sérgio também trabalhava em uma loja, no centro de São Paulo, e começou a passar na agência de turismo algumas vezes para me oferecer carona.

— Que horas você vai sair do trabalho? — ele me perguntou.
— Saio às 18h — eu respondi.
— Quer que eu vá buscá-la? Levo você para casa.
— Tudo bem.

As caronas começaram a ficar mais frequentes e nós sempre conversávamos bastante no caminho para casa. Com o passar do tempo, começamos a gostar um do outro e ele me pediu em namoro.

— Olha, Sérgio... não acho certo um rapaz namorar duas moças e não aceito passar por essa situação. Se você quer namorar comigo, se gosta de mim de verdade, vai terminar com ela e daí podemos namorar — eu disse.

Então, ele terminou com a jovem e começamos o nosso relacionamento. Com isso, fui conhecer a família dele, que eu achei muito bacana e que me acolheu bem. Os pais dele são judeus, já nascidos no Brasil, no estado do Rio Grande do Sul. Como não passaram pela guerra, não havia na casa deles aquele ambiente pesado que havia na minha.

Além de Sérgio, havia outros cinco filhos — três garotos e duas meninas —, que eram bem alegres e faziam muita festa quando eu ia para a casa deles. Fui muito bem recebida, primeiramente, porque sou judia e, segundo, porque era uma "menina de família", termo usado na época para definir uma menina de bom caráter.

Estava para começar a conjugar o verbo amar, sem saber ao certo o seu conceito.

OPORTUNIDADE

Não sei ao certo se encontrei o movimento sionista ou se fui encontrada por ele. Porém, considero que ele trouxe consigo suas **oportunidades** e uma delas foi o próprio fato de crescer como uma sionista. Digo isso porque saber que eu estava imersa em um contexto que remete ao país onde eu era aceita, que estava no meio do meu povo e não sofria perseguição, é algo muito forte para mim.

Sempre que me lembro dos meus momentos no Dror, penso também nos meus pais, nos judeus da diáspora. Por que eles foram sempre perseguidos? Se eles tivessem um país próprio como há hoje, poderiam viver essa oportunidade de estarem juntos, de se unirem ao povo.

Hoje, por exemplo, há países da América Latina que estão passando por grande crise e os judeus que moram nessas nações estão indo embora. A diferença é que atualmente eles têm o seu próprio país, que pode acolhê-los.

Então, essa é a oportunidade de crescer com o sionismo fortalecido em nós: ter sempre viva a esperança de que podemos voltar à nossa terra, a Sião.

יִשְׂרָאֵל

Falar em visitar Israel é algo que sempre me enche os olhos, não apenas por sua história e toda a simbologia que essa terra carrega consigo, mas também por sua beleza. A cidade de *Ashkelon* me remete a lembranças e a imaginações muito preciosas, pois ela participou e ainda participa de diversos momentos e áreas da minha vida. O antigo porto marítimo da cidade remonta ainda à Idade do Bronze. Com o passar das eras, a localidade foi dominada por diversos povos, como cananeus, filisteus, hurritas, assírios, egípcios, fenícios, hebreus, persas, gregos, romanos, muçulmanos, cruzados, otomanos e britânicos.

A cidade é muito bonita e acompanhou a modernidade dos tempos, situada no litoral de Israel e muito perto de Gaza, o que infelizmente a faz receber desagradáveis "presentes", como alguns mísseis.

Meu pai disse que morou nessa cidade e eu tenho primos que até hoje residem lá. Visitei a cidade na época que morei com minha irmã em Israel, quando fui ver minha prima, Pessi.

Eu estava com 17 anos quando visitei Ashkelon e minha prima me levou para uma discoteca, toda orgulhosa, para mostrar a "prima brasileira" a todos os seus amigos. — Dança samba — pediam todos.

Em janeiro de 2020, retornei à cidade, com o meu filho, Ilan, devido ao seu trabalho como guia turístico em Israel. Ele me colocou em um grupo que estava em viagem para lá e eu fiquei muito feliz de poder retornar já como mãe.

Retornar... reiniciar, reviver, restaurar.

3

Viver e amar...

UMA POSSIBILIDADE

Porque eu, o SENHOR teu Deus, te tomo pela tua mão direita, e te digo: Não temas, que eu te ajudo.

(Isaías 41:13, Bíblia João Ferreira de
Almeida, Revista e Atualizada, SBB)

Eu comecei a namorar o Sérgio em 1973, quando voltei da viagem ao exterior, para fazer o terceiro ano colegial em São Paulo. Enquanto ele estudava à noite e trabalhava durante o dia, eu me preparava para prestar vestibular.

Meu pai sempre quis que eu fizesse um curso técnico, mas eu prestei vestibular para filosofia na Universidade de São Paulo (USP) e ciências sociais na Pontifícia Universidade Católica de São Paulo (PUC-SP), sendo aprovada em ambas. Escolhi a PUC, porque o curso me agradava mais, além da localização ser mais próxima à minha casa.

Vivi tempos muito bons como universitária. A universidade tinha um ambiente muito legal e até mesmo o caminho de casa para o campus era muito agradável. Como na época eu estava morando no bairro Paraíso, precisava ir de uma ponta a outra da Avenida Paulista para fazer o trajeto até a PUC.

Nos anos 1970, a Avenida Paulista não era como hoje, tinha muitos daqueles casarões dos "quatrocentões" e eu achava tudo aquilo lindo. Eu pegava carona com uma amiga que morava em uma dessas mansões e, enquanto seguíamos o trajeto no carro guiado pelo motorista dela, meus olhos pareciam nem querer piscar diante de tudo aquilo que eu via pelo caminho.

Enquanto aquela vista me enchia os olhos, muitos estudantes universitários — sobretudo da área de humanas, como ciências sociais — estavam vivendo aqueles dias da Ditadura Militar. Muitos estudantes simplesmente "desapareciam" sem deixar rastros e a preocupação tomava conta de nós, universitários, e de nossas famílias. Eu não queria ser confundida com os revolucionários... mas estava fazendo um curso bastante visado.

Entre namoro e noivado com Sérgio, esse início de relacionamento durou três anos. Tanto o nosso noivado quanto a cerimônia de casamento ocorreram seguindo as tradições judaicas. Recebemos a bênção do meu pai e do pai dele no pedido oficial de casamento e, depois, na celebração do matrimônio, tivemos a tradicional cerimônia seguindo todos os ritos do judaísmo, que sem dúvida são muito marcantes e cheios de simbologias.

A noiva entra com um véu cobrindo o rosto, remetendo à lembrança da história judaica de Isaque e Rebeca, pois, quando ela viajou ao encontro dele pela primeira vez, colocou um véu e só o removeu quando encontrou o seu prometido, revelando-se apenas para ele.

Esse episódio narrado nas Escrituras se tornou um rito do casamento judaico e é seguido até os dias de hoje: quando o pai entrega a noiva, o noivo tira o véu. Parece uma coisa tão simples, mas é um momento carregado de sentimentos, de emoção, porque é um momento de entrega, de mudança, e que envolve aquele olhar apaixonado dos noivos.

CHUPPAH

Após essa entrega, os noivos se posicionam diante do rabino, cobertos pela *chuppah* (lê-se "rrupá"), que é um tipo de tenda, feita com madeira e coberta com um tecido — ou um *talit* —, esticado entre quatro varões. O fato de os noivos estarem debaixo dessa tenda simboliza a moradia a ser dividida pelo casal. A *chuppah* também não tem paredes, é aberta por todos os lados, o que representa a hospitalidade do casal aos amigos e parentes, e geralmente é colocada para uma celebração ao ar livre, para simbolizar a bênção divina sobre aquele momento.

Ao final da cerimônia, os noivos compartilham uma taça de vinho, simbolizando que agora eles vivem uma só vida, bebem do mesmo cálice. Após beberem, o noivo quebra o cálice, pisoteando-o no chão, para dizer que somente o casal beberá daquele cálice, ou seja, ninguém mais poderá se intrometer na intimidade deles. Também, como judeus, sempre lembramos da destruição do primeiro e do segundo Templo, no ato simbólico da quebra da taça (Eclesiastes 7:3).

Sem dúvida, a cerimônia foi muito emocionante e a festa foi daquelas para ninguém colocar defeito, com muita fartura de comida, vinho, danças, música, enfim... muita alegria.

Em paralelo ao meu casamento, larguei a faculdade, porque o meu sogro, que era um amor de pessoa e sempre teve meu respeito e consideração, não aceitava que uma pessoa só estudasse. Ou estudava e trabalhava, ou só trabalhava, porque "O que importa mesmo é trabalhar", segundo ele dizia, e de preferência nos negócios da família.

Eu até tentei conciliar faculdade e trabalho na época do meu namoro com o Sérgio. Por fim, deixei o meu emprego na agência de turismo e, após algumas rápidas experiências profissionais, fui trabalhar em uma loja de confecção de cama, mesa e banho e artigos de uma marca de confecção famosa, que eles tinham na rua José Paulino — conhecida pela variedade no comércio de roupas e localizada no Bom Retiro, um bairro originalmente judaico de São Paulo.

Toda a família trabalhava na loja e eu fui convidada por eles para trabalhar lá também. A convivência com a família do Sérgio era muito boa, mas o trabalho exigia muito dos funcionários, e eu deixei a faculdade para ajudar no negócio deles.

✡

Com pouco tempo de casados, já tivemos a nossa primeira filha, Cecilia. Como é de costume judaico, mesmo que os nossos filhos tivessem descendência judaica, escolhemos para eles nomes comuns no Brasil, como também nos comprometemos a manter viva a nossa cultura nas gerações seguintes.

Sendo assim, Cecilia ganhou esse nome brasileiro em homenagem à sua bisavó paterna — que, apesar de eu não a ter conhecido, a família do Sérgio sempre a citava como uma pessoa muito sábia — e também ganhou o nome hebraico de Tsivia Bat Pnina.

Tsivia é o nome de um belo animal montanhês, e Pnina quer dizer Pérola. Tsivia, filha de Pérola... que é outra tradução do meu nome em hebraico.

Quando ela nasceu, chorei de emoção na maternidade, mas também fiquei muito preocupada, porque eu olhava para aquela bebê tão pequena, tão frágil e pensava: *como eu vou cuidar dela? Não sei nem o que fazer!*

A verdade, porém, é que foi uma experiência maravilhosa. A Cecilia era uma bebê linda, com olhos bem azuis, pouco cabelo, uma criança muito querida. Em todo lugar que eu a levava, todos que nos conheciam já faziam menção à beleza dela e a como ela se aproximava facilmente das pessoas de todas as idades. Já adolescente, e até hoje, a Cecilia continuou muito comunicativa, inteligente (fazendo jus ao nome de sua bisavó), e sabendo conversar com todos, atraindo as pessoas com sua espontaneidade.

Quando Cecilia tinha 3 meses de vida, precisei voltar ao trabalho, porque meu sogro havia investido em uma sugestão dada por Sérgio sobre estampas em camisetas. Essa ideia era novidade na época e aumentou muito o movimento da loja, rendeu grandes resultados para os negócios da família, pois eles eram o único estabelecimento da José Paulino que oferecia camisetas estampadas.

A ideia entusiasmou meu sogro de tal forma que ele decidiu comprar outro imóvel e montar uma fábrica de estampas. Dessa forma, ele abastecia sua própria loja com as camisetas estampadas e também vendia para outros estabelecimentos. Com isso, voltei ao trabalho para cuidar dessa nova fábrica com o Sérgio e, nesse novo momento, meu sogro me ensinou a cuidar da parte administrativa da loja, e essa experiência me ajuda muito até hoje.

Então, eu comecei a trabalhar não mais em um balcão, atendendo os clientes, mas na parte de trás, onde eram feitos os boletos para as pessoas pagarem. Como era uma loja de fábrica, as vendas eram feitas em grande quantidade e não em poucas peças, como em lojas do varejo. Isso me permitia levar a Cecilia comigo, e eu me dividia entre cuidar dela e trabalhar nas operações da nova loja.

Quando a Cecilia estava com 1 ano, engravidei do meu segundo filho, o Fabio. Eu queria que ele se chamasse Jonas, porque sempre achei esse nome muito bonito, mas o Sérgio queria que se chamasse Fabio, por isso o registramos como Fabio

Jonas. Seu nome hebraico é Yossef Ben Simcha, que significa "José, filho da alegria" — já que o nome hebraico do Sérgio quer dizer "alegria". O nome Yossef foi uma homenagem aos bisavôs dele, já que o pai da minha mãe e o pai do pai do Sérgio tinham esse mesmo nome.

Confesso que os questionamentos típicos de uma mãe ainda jovem continuavam em minha mente. *Nossa! Será que eu vou conseguir amar este filho do mesmo jeito que eu amo a Cecilia?*, eu me perguntava.

A gestação foi ótima e o parto também, bastante tranquilo. Fabio nasceu com os olhos bem puxados, moreno e muito peludo. Talvez, o que faltou de cabelos na Cecilia tenha sido compensado nele. Ele tinha pelo até nos braços e nas costas.

— Trocaram meu filho no berçário! — cheguei a brincar com as enfermeiras.

Mas ele cresceu bonito como o pai e se tornou um filho maravilhoso. Sempre que eu olhava para ele, ainda bebê, pensava que a resposta ao meu questionamento da época da gravidez estava ali, diante de mim.

— Sim! A gente consegue amar o segundo filho do mesmo jeito que a gente ama o primeiro. A prova disso é o meu amor pela Cecilia e pelo Fabio — eu dizia a mim mesma.

Fabio cresceu carinhoso, mas muito sapeca. Brigava muito com a Cecilia, que o provocava, e era muito difícil apartar esses embates, coisas de irmãos. Além disso, nessa época, eu não podia contar muito com a participação do Sérgio na criação das crianças, porque ele não dispunha de tempo para ser o tipo de pai participativo.

Então, eu sempre levava as crianças para passear e para praticar esportes. Coloquei a Cecilia na ginástica olímpica e o Fabio no futebol. Era eu também quem os levava, aos finais de semana, para o teatro para assistir às peças infantis, e eles amavam.

Quando eu ia completar 28 anos, em fevereiro de 1982, engravidei do nosso terceiro filho. Diferente dos dois primeiros, ele não ganhou um nome brasileiro, mas dois hebraicos. Ilan é um nome hebraico que significa árvore. O segundo nome hebraico que ele ganhou foi Israel Ben Simcha, que significa "Israel, filho da alegria".

A escolha de Israel como nome hebraico para o Ilan também foi para homenagear o bisavô por parte de pai.

O Ilan é também um filho muito especial. Foi uma criança linda, maravilhosa. Sempre muito cuidadoso, muito apegado a mim, e essa também foi — e ainda é — uma experiência fantástica para mim, como mãe.

Ilan foi o único dos três filhos que não precisou levar correções mais radicais, porque bastava eu chamar a atenção dele que ele levantava a cabeça, como um pequeno príncipe, e ia para o quarto dele, recolhendo-se ao seu "lugar de reflexão". Aquilo me doía até mais do que se o corrigisse de forma mais severa, porque ele ia para o quarto, ficava sozinho e, quando eu chegava no quarto, ele estava dormindo. E eu? Ficava com a consciência pesada.

Tanto o Fabio como o Ilan foram circuncidados ao oitavo dia de vida, como orienta o judaísmo no caso do nascimento de garotos saudáveis. Na literatura do pentateuco judaico, é possível encontrar diversas passagens que remetem a esse costume, simbolizando uma aliança, uma promessa, uma consagração da criança ao Criador. Realiza-se uma cerimônia muito bonita e emocionante.

A criança é carregada em uma almofada toda enfeitada e colocada no colo do patriarca — que, no caso, foi o meu pai —, e o rabino faz uma oração pelo bebê.

Após a oração, dá-se uma gota de vinho ao menino para amenizar a dor do corte. Além disso, o vinho tem um significado de alegria para o judaísmo, que é o que a família está sentindo no momento dessa cerimônia.

Após o nascimento do Ilan, "fechamos a fábrica", porque foram três cesarianas e tenho fator Rh negativo e o Sérgio, positivo. Por isso, logo depois de cada gestação, eu precisava tomar injeções, como um tipo de "vacina", para que o meu sangue não fabricasse anticorpos contra o sangue do próximo bebê, gerando assim incompatibilidade sanguínea e podendo provocar uma doença chamada eritroblastose fetal.

Para que o fator sanguíneo não causasse complicações na minha próxima gravidez, uma injeção com a "vacina" resolveu, porém não consegui encontrar uma prevenção tão eficiente para evitar algumas complicações no casamento.

> **Acredito que em uma relação a dois não há um lado totalmente "inocente" ou totalmente "culpado" de todos os problemas do relacionamento. Se algo acontece, ambos têm sua parcela de responsabilidade, por mais que um seja mais afetado do que o outro.**

No meu caso, eu era muito imatura, deveria ter me posicionado mais, e creio que, se tivesse feito isso logo no início, se tivesse esclarecido os meus limites, talvez não tivesse acontecido o que aconteceu.

Por outro lado, meu marido era um tanto autoritário e intransigente com algumas coisas, e por isso considero que o meu erro foi não ter deixado claro até onde ele poderia ir em relação a mim. Se eu tivesse mais maturidade, firmaria o pé e diria:

— Olha, para por aí, não é assim. Vamos lá, vamos nos corrigir como adultos.

Vale lembrar que a crise acometida inicialmente sobre o nosso lar não envolvia finanças. Nós tínhamos aquela fábrica de estampas, que estava tendo um ótimo rendimento, tínhamos um apartamento no Guarujá (litoral paulista), além da casa em São Paulo. Enfim... estávamos muito bem financeiramente, mas o nosso relacionamento não estava nada bem.

Certa vez, fomos passar férias no Guarujá e, durante um passeio, paramos no estande de um empreendimento em lançamento — que, diga-se de passagem, ainda hoje é um dos empreendimentos mais caros da cidade —, e ele comprou um apartamento nesse lançamento. Depois, acabou comprando mais apartamentos do mesmo empreendimento, e se endividou.

Quando o apartamento no Guarujá ficou pronto, ele falou para mim:

— Vamos mudar para o Guarujá.

A verdade é que essa mudança não fazia muito sentido para nós, como família. Meus filhos tinham as amizades deles em São Paulo, estavam engajados na coletividade judaica, no movimento juvenil Chazit — muito semelhante ao que eu participei no Dror —, e eles não queriam se mudar para o litoral. O Ilan ainda era pequeno, mas o Fabio e a Cecilia já eram adolescentes, eles não queriam sair e eu também não queria. Eu tinha minhas amigas em São Paulo, como a Branca e suas duas filhas, muito amigas da Cecilia, e o Fabio também tinha muitos amigos da Chazit!

— Não quero sair de São Paulo — eu respondi a ele.

Além das razões dos nossos filhos, havia também nossas razões profissionais. Nós tínhamos a fábrica em São Paulo e ele tinha que trabalhar. Como ele faria isso, morando no Guarujá? Mas ele insistiu.

— Não se preocupe, vai dar tudo certo. Eu trabalho em São Paulo, mas volto para o Guarujá praticamente todos os dias.

Por fim, nos mudamos para o Guarujá, mesmo contra a nossa vontade. Eu não gostei da ideia e as crianças ficaram muito chateadas, principalmente o Fabio e a Cecilia, e meu marido não conseguiu voltar tão frequentemente para casa, como tinha prometido.

Aquela situação, para mim, era muito difícil. Além do fato de ele começar a aparecer menos, as coisas também foram ficando cada vez mais difíceis financeiramente. Pensava que não tinha estrutura para administrar tais dificuldades.

Mas não era bem assim. Para ajudar a pagar as contas, eu comecei a dar aulas particulares de inglês. Coloquei cartazes em todos os lugares e os alunos foram aparecendo. Em uma dessas casas, conheci uma família muito querida, a dona de um hotel no Guarujá. Ela me contratou para dar aulas de reforço de todas as matérias, exclusivamente para as filhas dela.

Apesar do trabalho "fixo" que consegui, dando aulas de reforço para as filhas dessa cliente, as dívidas começaram a acumular e eu estava sem dinheiro para pagar o condomínio do apartamento, o IPTU e outras contas.

O que eu vou fazer, meu D'us? Meu marido, na maior parte do tempo está em São Paulo, e eu estou aqui, endividada. Não aguento mais, pensei.

Foi então que tomei coragem e compartilhei com essa cliente a minha situação. Marquei uma reunião com ela, compartilhei sobre a minha vida e pedi um emprego no hotel dela.

— Eliana, as coisas não estão fáceis em casa. Meu casamento está em crise, eu também não tenho dinheiro e preciso pagar as minhas contas. Você tem um hotel, certo? Eu tenho um pouco de experiência nessa área, porque o meu pai tem um hotel em Campos do Jordão! Eu aceito trabalhar em qualquer função, faço qualquer coisa, além de dar aula! — eu disse.

— Olha, Paulina, eu tenho vaga de *hostess*. Se você quiser, a vaga é sua — ela respondeu.

Eu agarrei aquela oportunidade e, em novembro de 1991, fui trabalhar no hotel dela, recepcionando os hóspedes no restaurante, de manhã, para tomar café e dando atenção, caso eles precisassem de alguma coisa.

✡

Cerca de um mês depois que eu comecei a trabalhar naquele hotel de Guarujá, entraram dois garçons novos, já que o mês de dezembro é alta temporada nas cidades praianas.

Eu dava entrada no serviço muito cedo, porque tinha que estar pronta para receber os hóspedes. Com isso, tomava café da manhã no hotel, mas com o salão ainda sendo arrumado. Geralmente o mesmo garçom, um dos novatos, me servia o café.

— Bom dia, senhora. Aqui está — ele dizia, sempre muito educado.

O café da manhã era servido aos hóspedes até as 10h, e, das 10h ao meio-dia, eu tinha que ficar esperando até o horário do almoço, quando eu ia embora. Então, eu acabava ficando com essas duas horas de tempo livre.

Enquanto isso, "senhora" para cá, "senhora" para lá, acabei conversando bastante com o Osias, aquele garçom tão educado que me servia diariamente.

Ele ficava muito curioso, porque eu levava um livro para ler nessas duas horas que tinha de "intervalo".

Nessa época, apesar das minhas raízes judaicas, eu estava desenvolvendo certo interesse pelo espiritismo e lendo *O Evangelho segundo o espiritismo*, de Allan Kardec.

Ele ficou curioso e me perguntou bastante sobre o assunto. Eu falava de reencarnação e ele, que havia nascido em berço evangélico, refutava.

— Imagina! Eu não acredito nisso — dizia.

Ficávamos discutindo sobre religião. Enquanto eu falava para ele do espiritismo, ele falava de Jesus para mim.

Comecei a desenvolver muita admiração por ele, porque, apesar de ser mais novo que eu, se mostrava uma pessoa muito madura para a idade que tinha.

Nessa época, seu pai trabalhava como oficial de alto cargo em navios e viajava o mundo inteiro nessas embarcações. Era um homem muito inteligente e experiente, e aconselhou Osias a passar uma temporada no exterior, para ter uma experiência de vida mais enriquecedora, aprender outros idiomas, agregar valor ao currículo.

— Você não quer ir para o Japão? Eu posso levá-lo no navio e deixá-lo lá. Você pega algum emprego lá para melhorar de vida, sair do Guarujá e ganhar o mundo.

Osias gostou da ideia, mas foi alertado pelo pai:

— Você precisa aprender inglês! Sem inglês, não dá para você ir, porque não vai conseguir se comunicar!

Quando ouviu isso, ele lembrou que eu dava aulas particulares de inglês. Perguntou-me então sobre a possibilidade de aprender inglês comigo, e fui receptiva à ideia.

— Tudo bem, podemos combinar — respondi.

Naquele tempo, ele jogava vôlei no time principal do Guarujá e, para que as aulas ficassem mais acessíveis, fiz a seguinte proposta: em troca das aulas de inglês, eu gostaria que ele me ensinasse a jogar vôlei, que, coincidentemente, é meu esporte favorito.

No condomínio onde eu morava, tinha uma quadra de vôlei. Então ele ia até lá, aprendia inglês comigo e depois descíamos para jogar. Com isso, entre o aprendizado do idioma e uns lances com a bola, começamos a gostar muito um do outro.

✡

Confesso que os momentos de convivência com o Osias e também as boas amizades, como a da Eliana, dona do hotel, foram muito importantes para mim naquele tempo, mas ainda havia uma questão séria a ser resolvida. Eu continuava casada com o pai dos meus filhos.

Mas eu não me sentia valorizada e os filhos quase não tinham a companhia do pai. Eu não conhecia a vontade de D'us como conheço hoje, Sua vontade não é a separação, pois a família é a base da sociedade... mas resolvi que a melhor coisa para nós seria mesmo a separação. E D'us, em Sua infinita misericórdia, tinha outros planos para mim.

Bom, claro que tive momentos bons durante o meu casamento com o Sérgio, e uma das coisas boas foi morarmos no Bairro Alpes da Cantareira, em São Paulo. Mudamos para lá no ano de 1984, o Ilan tinha cerca de um ano e meio, o Fábio 4 anos, e a Cecília quase 6 anos.

Para as crianças foi maravilhoso, é um lugar no meio da natureza, no "meio do mato", como eu dizia, um lugar do jeito que eu gosto. Tinha um lago perto de casa, quase não tínhamos vizinhos, mas tivemos muitos animais: coelhos, cachorros, e durante um tempo tivemos até um marreco, que atendia pelo nome Kico. Era uma graça! Nos divertimos muito com ele!

Tinha piscina, parquinho de madeira, um jardim de inverno com as paredes todas pintadas a mão. E de vez em quando apareciam macacos nas árvores de trás de casa. Começamos a deixar bananas perto do quintal, para ver se eles viriam até nós. Mas isto não aconteceu... para desapontamento das crianças. Também teve uma vez que encontramos uma família inteira de macacos atravessando a estrada por onde estávamos vindo na hora do almoço. De manhã, eu deixava as crianças na escola, em Santana, ia trabalhar, e os buscava na hora do almoço, levando-os para casa. Almoçávamos juntos, e depois eu voltava ao trabalho, no bairro do Pari. Era cansativo, mas também foi um tempo muito bom, onde eu e as crianças brincávamos juntos.

Como não poderia faltar em uma família de gaúchos (o Sérgio é gaúcho e muito bom churrasqueiro, por sinal), então aos domingos ele preparava churrasco para toda a família, pais, tios, primos. Os meninos (meus filhos) herdaram esse dom do pai.

Foi um tempo muito alegre, no qual as crianças tiveram este contato tão importante com a natureza, com a liberdade de brincar em um quintal grande e até fora de casa, pois na época não tinha perigo.

✡

Nosso divórcio saiu em 1993. Assim, eu e o Osias conversamos sobre começar um relacionamento mais sério. Foi uma experiência maravilhosa, porque ele sempre se portou como um homem muito respeitoso, maduro e que cooperou para o meu senso de valorização despertar. Não tenho dúvidas de que ele foi colocado por D'us em minha vida.

O meu divórcio saiu logo após a minha solicitação, mas eu não queria apressar as coisas com o Osias. Achava mais prudente ir com calma e aproveitar o tempo de namoro para realmente conhecê-lo bem. Além disso, esse relacionamento envolvia outras questões mais delicadas, como os meus filhos, já que, apesar de a Cecilia ter me apoiado prontamente, o Fabio e o Ilan não aceitaram bem a ideia no início, e não os julgo por isso. Afinal, um divórcio não afeta apenas o casal, mas toda a família.

Entre namoro e "tico-tico no fubá", para chegar até a oficialização do casamento, passou-se cerca de seis anos. Eu e Osias nos casamos em novembro de 1999, em um contexto totalmente diferente. Dessa vez, a cerimônia não foi judaica, mas evangélica, em uma igreja de Campos do Jordão, pois havíamos nos mudado para lá devido à proposta de emprego que recebi para trabalhar no hotel de meu pai.

Minha mãe faleceu em 1995 e meu pai e minha irmã não compareceram à cerimônia na igreja, porque não queriam ir ao templo. Eles acreditavam que iriam encontrar muitas cruzes e imagens de santos. Respeitei a decisão deles, e para mim ficou muito claro que isso não era sinal de falta de amor por mim, nem mesmo de falta de apoio ao meu recomeço de vida.

Eles estavam apenas pedindo que eu respeitasse o espaço deles, suas crenças e suas tradições, que eles pensavam serem diferentes das minhas agora, mas estavam enganados. Sempre foram as mesmas, porém com um entendimento mais amplo.

Meu irmão, já mais liberal, não só foi à cerimônia, como também foi um dos padrinhos, junto à sua esposa.

A prova de que eles apoiaram a nova vida que eu estava seguindo foi que o meu pai cedeu o espaço do hotel para fazer a nossa festa de casamento, inclusive, ajudou a organizar tudo, comparecendo à festa e comemorando conosco aquele momento.

Fato é que a cerimônia foi muito bonita e emocionante. Contei com o apoio da equipe de louvor da igreja, que entoou músicas lindas. Eu entrei ao som de "Agnus Dei" e fui levada pelos meus filhos Ilan e Cecilia até o altar. E o Fabio, que já estava casado, entrou com a esposa, ambos eram padrinhos.

Osias entrou ao som da oração *Pai-Nosso* entoada em forma de música. Ele me encontrou no altar e ficamos diante do pastor para ouvir uma mensagem maravilhosa que ele tinha preparado para nos ministrar.

Após o momento da troca de alianças, eu e Osias nos ajoelhamos para receber uma oração do pastor e todos os que estavam presentes estenderam as mãos para nos abençoar como casal.

Foi tudo muito emocionante.

Reconheço que a cerimônia do meu primeiro casamento foi linda, considerando também que,

para um judeu, é um privilégio casar-se sob todas as tradições do judaísmo, mas também considero que foi um privilégio ter me casado sob a crença judaico-cristã, pois eu tenho certeza de que uma não exclui a outra.

LEÃO DA MONTANHA

Sem dúvida, o dia do meu casamento com Osias foi um momento muito emocionante e poder contar com o apoio do meu pai, que cedeu o espaço do hotel para a realização da nossa festa, foi muito significativo. Em um trecho do seu livro, meu pai fala sobre a fundação do hotel, que acabou dando o título à obra literária de sua autoria:

> Durante todos esses anos estivemos construindo e viajando, meus filhos Josef e Paulina também se casaram e foram viver suas próprias vidas. Estivemos sempre presentes em suas vidas familiares, ajudando-os, conforme as necessidades. No entanto, uma vez que não havia mais o compromisso diário com os filhos, aproveitávamos os finais de semana e feriados para viajar dentro do Estado de São Paulo, e nos hospedávamos em estâncias climáticas ou de águas como Lindoia, Águas de São Pedro, Santos, e Campos do Jordão. Nessas viagens conhecemos vários hotéis. No início de 1978, em uma das nossas viagens a Campos do Jor-

dão, nos hospedamos no Refúgio Dana, um pequeno hotel de propriedade de Moisés e Celina, um casal de judeus da nossa idade. Fizemos uma linda amizade e, em conversa com eles, surgiu a ideia de construirmos um hotel para que pudéssemos viver nessa cidade quando nos aposentássemos. Pensei comigo mesmo: "Se eles conseguem sobreviver do hotel, eu também sou capaz". A região montanhosa de Campos do Jordão, especialmente o clima muito semelhante ao europeu, a beleza, o verde, o silêncio das montanhas, tudo isso me conquistou. Mais uma vez meu espírito aventureiro e inquieto me levou adiante e embarquei nesse novo empreendimento. Eu já tinha 56 anos, mas me sentia jovem e cheio de energia, com sede de construir (Yaari, 2009, p. 271–272).

O meu segundo casamento envolveu algo mais que tradições, envolveu muito amor, respeito mútuo, consideração, admiração. Enfim, estava muito claro que aquele era um momento de recomeçar.

Apesar de ser de origem judaica, tomei a decisão de me casar em uma igreja evangélica por diversas razões, que iam muito além da criação protestante que Osias teve em seu lar.

Esse meu tempo de recomeço envolveu muitas descobertas pessoais e também espirituais, que possibilitaram lançar um novo olhar sobre mim mesma, sobre as minhas buscas de fé e até mesmo uma melhor compreensão, que me permitiu ressignificar muitas coisas que aprendi na infância, adolescência e juventude, sobre relacionamento com D'us.

Eu me sentia chegando a um ponto mais evoluído espiritualmente, após uma longa busca, que envolveu as minhas tradições do judaísmo, leituras sobre o espiritismo, crenças em superstições, uso de amuletos, gnomos e tantas outras coisas, até que cheguei a Yeshua.

Hoje olho para toda essa caminhada e reconheço o crescimento que todos esses anos de vivência me proporcionaram.

Tudo que segui na tradição judaica remete sempre ao Messias, à espera que o judaísmo tem por Ele.

Na época do Dror, nós cantávamos em hebraico e eu não entendia o que estava cantando. Mas hoje vejo que aquelas canções eram Salmos, e que esses Salmos também são cantados na igreja cristã. Hoje, entendo o que estava cantando. Uma dessas músicas fala que o Rei de Israel ainda está vivo.

Muitos judeus cantam essa música, mas não remetem ao real significado que essa passagem das Escrituras quer dizer. Hoje sei que o Rei de Israel realmente está vivo, e pela eternidade.

Por mais que tanto judeus quanto cristãos não aceitem, é no judaísmo puro e verdadeiro que está a essência dessa fé que encontrei. Yeshua faz parte dela.

A verdade é que, mesmo rompendo barreiras ainda existentes por questões religiosas, colocadas por corações humanos, me senti aliviada por chegar a esse momento espiritual mais resolvido.

**Fui educada com muitas superstições e
tradições, e, apesar de algumas marcarem
momentos muito bonitos de minha vida,
me serviam mais como regras do que como
questões de fé. Sinto que me libertei de tudo
isso e passei a me sentir muito mais leve.
A fé é algo que liberta.**

Passei a sentir-me liberta porque compreendi que não precisava mais andar com uma figa ou uma reza pronta na bolsa para me prevenir do azar, de maus-olhados ou inveja. Descobri que não era a cor da minha roupa que determinava quão bom ou ruim seria o meu dia. Sei que essas coisas em nada têm relação com o judaísmo tradicional, mas minha mãe era muito supersticiosa.

Mesmo não aceitando imagens como ídolos, acabei entendendo que o judaísmo tradicional também condiciona a salvação do ser humano a ritos e costumes. E tenho uma observação: o judaísmo não aceita imagens ou ídolos, mas usa amuletos, como "uma mãozinha virada para baixo" cujo nome em hebraico é חמסה (hamsá). Daí pergunto: isso não é uma imagem, um ídolo? Porém, ao descobrir mais sobre Yeshua, acabei entendendo muito mais sobre a salvação, a libertação, a liberdade de espírito.

Respeito muito as tradições e entendo que fazem parte da nossa vida e cultura, mas também entendo que não são elas que salvam o ser humano. Foi quando descobri isso que vi as barreiras religiosas e culturais se rompendo em minha vida.

Compreendi que nada que fizermos poderá garantir nossa salvação. Lembro que, quando ainda vivia presa às superstições e ritos, me questionava: como um desabrigado, uma pessoa em situação de risco, pode ser salva, se ela não pode fazer nada nem por si mesma? Quer dizer então que ela não alcançará nada no Céu porque não conseguiu fazer nada na terra?

A salvação é possível para todos. Uma pessoa como essa não precisa fazer nada, assim como o ladrão que estava na cruz, ao lado de Yeshua, foi salvo.

A quebra de barreiras entre o herdado e a construção de convicção própria foi um salto, uma mudança radical na minha vida.

Eu, Fabio, Ilan e Osias acabamos conhecendo o rabino Daniel, que celebrou os casamentos do Fabio e do Ilan. Ele tem uma congregação em São Paulo, a Beit Sar Shalom (Casa do Príncipe da Paz), e nós começamos a frequentar esse local, onde se seguem todos os rituais judaicos, mas destacando toda a conexão entre os rituais do judaísmo e Yeshua.

A Páscoa, por exemplo, que originalmente é uma festa judaica, o Pessach, tem tudo a ver com Yeshua. O sacrifício do cordeiro, cujo sangue libertou os hebreus escravizados do Egito, nos remete ao sangue do Cordeiro de D'us, vertido na cruz, que nos libertou da escravidão do pecado. Enfim, conseguir ver a complementaridade entre ambos é uma dádiva.

POSSIBILIDADE

Viver é, sem dúvida, a possibilidade de novos acontecimentos. Quando me vi em uma situação crítica, com a autoestima baixa, meu primeiro casamento em crise, dificuldades financeiras, precisei tomar a decisão de viver, porque somente assim teria a possibilidade de mudar aquele quadro.

O viver é algo que pode acontecer sempre, e a minha busca por faculdade e por estudos, creio, tem muito a ver comigo. Eu posso reconhecer as possibilidades que me rodeavam e que fui atrás. Mesmo não concluindo a faculdade, fui atrás dessas possibilidades e, por ter ido buscá-las, sem esperar que elas viessem a mim, foi que pude conhecer muitas coisas e pessoas. Possibilidades têm a ver com o que D'us tem reservado para mim. Na busca dos meus caminhos, encontro o caminho dEle para mim.

A redescoberta do amor em seus vários sentidos — seja do Osias, que tanto me valorizou como mulher; dos meus filhos, que me apoiaram como mãe; e do meu pai e meu irmão, que compreenderam a minha necessidade de um recomeço — foi fruto desta minha decisão de acreditar nas possibilidades, de acreditar que as coisas poderiam melhorar, que poderiam dar certo.

AHAVAH

Sempre que falo sobre as minhas descobertas e a restauração da minha visão sobre as possibilidades da vida, me lembro do termo em hebraico אהבה (*ahavah*), que significa "amor".

É esse o termo que me vem à mente, porque hoje, quando olho para essa parte da minha vida e até mesmo atualmente, entendo que grande parte disso tudo foi possibilitado pelo amor. Ressignifiquei o amor em suas diversas manifestações — no casamento, com meus filhos, meus pais e meus irmãos —, mas, acima de tudo, descobri que o amor também é essencial para o amadurecimento da fé e da espiritualidade. Se não for por ele, ficamos presos a meros ritos religiosos.

Além disso, hoje não tenho dúvidas de que o amor divino esteve o tempo todo cuidando de mim, ajudando-me a não desistir da vida, a acreditar nas possibilidades.

יִשְׂרָאֵל

Há um lugar em Israel que sempre considerei misterioso, mas talvez seja justamente isso que o torna ainda mais belo. É o Monte Hermon.
Na época em que morei alguns meses em Israel, o Hermon ainda era um lugar sem qualquer estrutura para receber turistas. Tinha apenas muita neve e alguns soldados, que usavam um saco de estopa para escorregar. Mas, sem dúvida, subir no alto daquele monte e apreciar aquela vista é algo misterioso, que nos leva a refletir sobre muitas coisas da vida e os seus mistérios. Leva-nos a refletir na escalada da vida e no mistério do amor.

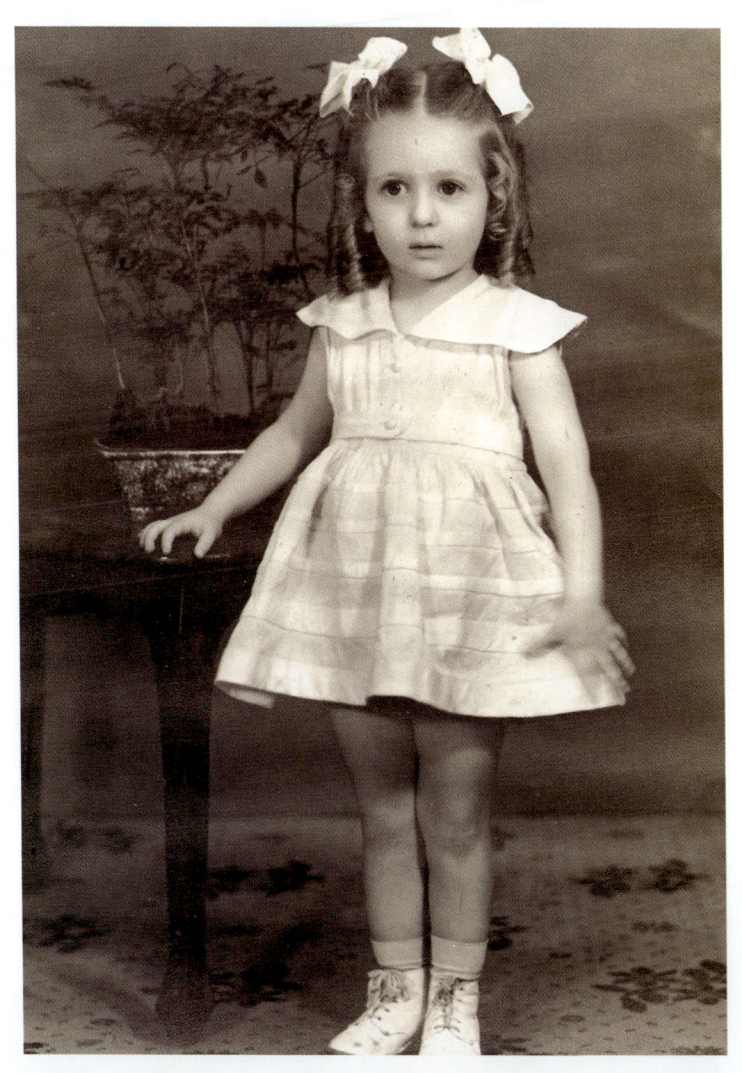

Eu aos 3 anos de idade.

Minha mãe.

Meu pai.

Minha mãe com seus irmãos.

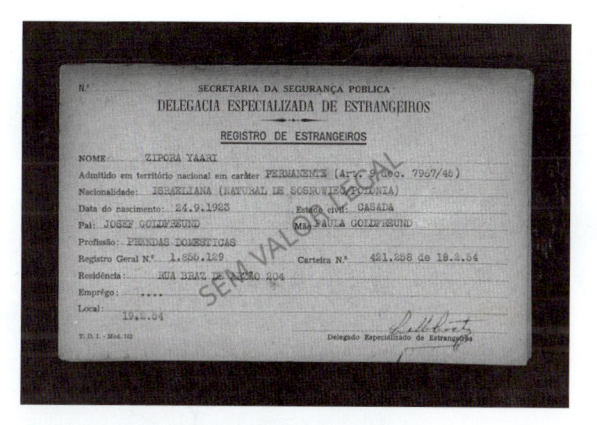

Documento brasileiro da minha mãe.

Autógrafos do time do Santos em 1972.

Meu casamento com o Sérgio.

Meus filhos.

Ilan no seu Bar-Mitzváh.

Ilan na sinagoga de Zichron Yakov.

Meu casamento com Osias, com minha neta Deby.

Meus netos do Brasil, Dylan e Liv.

Minha família no casamento de Deby, minha neta mais velha.

Eu com Lyah, minha bisneta.

A VIDA DELE

4

Filho(s) ungido(s)...
UM PRIVILÉGIO

Verdadeiramente ele tomou sobre si as nossas enfermidades, e as nossas dores levou sobre si; e nós o reputamos por aflito, ferido de Deus, e oprimido. Mas ele foi ferido pelas nossas transgressões, e moído pelas nossas iniquidades: o castigo que nos traz a paz estava sobre ele, e pelas suas pisaduras fomos sarados.

(Isaías 53:4-5, Bíblia
João Ferreira de Almeida,
Revista e Atualizada, SBB)

Devido a todos os traumas em razão da Segunda Guerra Mundial, minha mãe ficou muito doente, o que a levou a buscar ajuda no espiritismo. Eu e meus irmãos éramos adolescentes e, apesar das nossas raízes judaicas, sua atitude nos influenciou, a ponto de passarmos a acreditar também no espiritismo.

Houve um tempo em que meus pais chegaram a viajar para Minas Gerais, em busca da ajuda de um homem chamado José Pedro de Freitas, também conhecido como Zé Arigó, que afirmava conseguir, por meio da mediunidade, curar pessoas de diversas enfermidades, e até fazer cirurgias ao receber o espírito do médico alemão dr. Fritz, falecido em 1918, durante a Primeira Guerra.

Minha mãe foi consultar com ele diversas vezes. Com isso, também passamos a frequentar centros espíritas, acreditando na sua cura, mas, infelizmente, isso não aconteceu. Descobriu um câncer no seio, que depois se espalhou para o estômago, chegando à metástase que acabou causando sua morte.

Aquilo me deixou um tanto decepcionada com o espiritismo, mas, por incrível que pareça, foi seguindo uma tradição do judaísmo que acabei me reaproximando dele. Eu e meus irmãos estávamos cumprindo um costume judaico chamado *shivá* (שבעה), no qual, após a morte de um ente querido, os parentes passam uma semana reunindo-se e assentando-se no chão para conversar sobre o falecido, como forma de elaborar o luto. Era a ocasião da morte da minha mãe.

Durante esses dias de luto, os rabinos também fazem uma reza junto à família e, em um desses momentos, um rabino falou em reencarnação como algo realmente possível. Apesar de ter ficado um tanto surpresa por ouvir um rabino dizer essas coisas, também passei a sentir que de certa forma aquela decepção que eu havia tido em razão do Zé Arigó estava sendo amenizada.

Poxa vida, então o espiritismo está certo. Se o próprio judaísmo está falando disso, existe reencarnação e estou no caminho certo, pensei.

Com isso, segui respeitando as minhas raízes judaicas, mas também acreditando no espiritismo durante boa parte da minha vida. Porém, D'us estava com outros planos para a minha vida, que vieram a se cumprir, surpreendentemente, por meio de situações que inicialmente me magoaram bastante, mas que depois compreendi que Ele faz com que tudo coopere para o bem dos que O amam. Tudo mesmo, até os desencontros e as oposições.

Quando comecei a namorar o Osias, tive de lidar com a oposição de meus filhos homens, principalmente o Fabio, que decidiu morar em outro apartamento no Guarujá, com o pai. Mas, como o Sérgio ficava muito mais em São Paulo que no litoral, mesmo ainda adolescente, o Fabio ficava a maior parte do tempo sozinho no apartamento.

A história que vou compartilhar agora tem muito a ver com o Fabio, uma história que surtiu um grande efeito em toda a nossa família, tanto na área relacional quanto na espiritual.

✡

Mesmo morando no Guarujá, Fabio estudava em Santos e tinha que pegar ônibus para percorrer uma viagem de cerca de trinta minutos até a escola. Acabou conhecendo um amigo, um garoto chamado João Marcos, que morava próximo dele e, como eles estudavam no mesmo colégio, o garoto conversou com a mãe sobre a possibilidade de dar carona para Fabio.

— Mãe, tem um amigo que está praticamente morando sozinho no apartamento dele, aqui no Guarujá. A gente não pode dar carona para ele? Assim, ele não precisa ficar pegando ônibus para ir à escola — perguntou o garoto.

— Ah, tudo bem, meu filho! — respondeu a mãe.

Na primeira vez que a Neide, mãe do João Marcos, deu carona para o Fabio, ela explicou que era um costume da família orar ainda no carro, antes de seguirem para qualquer lugar. Então, ela perguntou se ele tinha alguma objeção com relação a isso.

— Fabio, tudo bem? Você aceita que eu faça uma oração? Toda vez que saio de carro, faço uma oração.

— Tudo bem! Fica à vontade! — disse ele.

Mesmo achando aquilo tudo um tanto estranho, Fabio não achou justo se opor ao costume da família, já que eles estavam lhe fazendo um favor e, como um bom judeu, ele não perderia a oportunidade de economizar o dinheiro da passagem de ônibus (brincadeirinha dele). Além disso, qual problema haveria em estar presente no momento de uma oração?

Mas Neide é muito sábia. Seu filho contou a ela que Fabio era judeu e, quando ela finalizou sua oração, disse:

— Eu agradeço em nome do Messias de Israel. Amém.

Aquilo impactou Fabio e o deixou cheio de questionamentos, não apenas durante o caminho de ida, como também durante a volta. Ele chegou em casa com muitas perguntas na cabeça.

— Como assim, o "Messias de Israel"? Eu sou judeu e não conheço o Messias de Israel, muito menos citado assim em uma oração.

Outro dia, quando ela fez novamente a oração, Fabio não se conteve e perguntou sobre o tal Messias de Israel. Se a questão fosse complexa, eles tinham uma viagem longa pela frente. Ela poderia explicar no caminho.

— Mas quem é esse Messias de Israel? Me explica isso! — ele perguntou.

— Olha, você pode combinar com o João Marcos de vir fazer um lanche conosco, lá em casa. Aí eu explico melhor, se assim você quiser!

Fabio ficou com a pulga atrás da orelha. Afinal, que mistério é este sobre este tal "Messias de Israel"? Então, combinou a tal visita e, a partir dessa primeira visita, começou a frequentar a casa daquela família. Com muito cuidado, Neide começou a falar sobre os motivos pelos quais fazia suas orações daquela forma, até que convidou Fabio a estudar mais sobre o assunto com ela.

Fabio ficou receoso — como qualquer judeu ficaria em seu lugar — por saber que a família era cristã, mas todos o tratavam tão bem, com tanto respeito, e a proposta da Neide não lhe pareceu ameaçadora.

— Nós vamos estudar pelo Primeiro Testamento, pelas Escrituras Sagradas do judaísmo — ela disse.

Os estudos foram mostrando como os profetas do Antigo Testamento já apontavam para Yeshua como o Messias de Israel.

Fabio ficou sem ter como questionar àquela mulher tão cheia do conhecimento das Escrituras e a partir daí passou por uma mudança radical em sua vida.

✡

Cada vez que Fabio saía da casa de seu amigo, sentia mais vontade de compartilhar suas novas descobertas com o irmão mais novo, Ilan. Até que certo dia falou com ele sobre o que vinha acontecendo e Ilan também não resistiu àquela mensagem.

Essa boa nova continuou a seguir seu rumo, como que tendo um propósito, e ambos, Fabio e Ilan, vieram para cima de mim com aquela história de "Messias de Israel". Mas eu não queria saber de nada daquilo.

Imagina, fui criada no judaísmo e agora estou me inclinando ao espiritismo. Essa história de Yeshua não serve para mim, pensava.

Na verdade, por eu ter nascido em um país onde a cultura teve o cristianismo como parte de sua formação, acabei ouvindo sobre Jesus (Yeshua), e por isso perguntava aos meus pais sobre Ele. Em resposta, eles eram respeitosos, mas muito categóricos. Não entravam em detalhes.

— Bom, filha... Ele foi um bom homem, um profeta, que falava de amor e ensinou muitas coisas às pessoas que O seguiram — respondia meu pai.

Mas citá-lO como o Messias, como o Filho de D'us, era algo totalmente fora de cogitação; realmente seria considerado uma blasfêmia.

Apesar de a minha formação ter sido enraizada no judaísmo por influência do meu pai, por influência também da minha mãe, acabei fazendo uma grande mistura em minhas crenças. Então, além de estar inclinada ao espiritismo na época, também tinha duendes em casa, chegando até a deixar comida aos pés deles e me tornando muito supersticiosa, como citei anteriormente.

A verdade é que essa grande mistura era apenas um resultado da minha busca por D'us. Eu estava à procura dEle. Um sinal de que essa busca, apesar de às vezes um tanto sem norte, era genuína é que, desde pequena, mesmo que meus pais me ensinassem as rezas prontas do judaísmo, eu falava com D'us sem seguir esses "roteiros" e mesmo sem estar na sinagoga ou em outros dias além do shabbat.

Mesmo sem ter sido ensinada dessa forma, eu realmente abria o meu coração para D'us, compartilhando com Ele as minhas tristezas, as minhas decepções e usando as minhas próprias palavras, como quem está conversando. Eu nem sabia se aquilo era certo diante de alguma religião ou não, mas minha conversa com Ele sempre foi livre de liturgias. Por mais que eu não soubesse sobre Yeshua, eu já sentia necessidade de buscar um relacionamento mais próximo com Ele.

Talvez também por isso a passagem pelo espiritismo, a tentativa de reduzir distâncias entre dimensões diferentes.

Então, em meio a todo esse contexto, bastante misturado e confuso, Fabio e Ilan me deram de presente uma Bíblia e, quando recebi aquele livro nas mãos, fiquei praticamente sem reação.

— Mas o que eu vou fazer com isto? — perguntei a eles.

— Você vai ler, mãe! Leia, por favor! — responderam.

— Está bem. Vou ver se, lendo este livro, entendo melhor o que estão querendo me dizer com esta história de Messias de Israel. Mas adianto logo que parece muito complicado — eu disse.

Então, comecei a ler aquelas palavras escritas em letras pequenas e páginas bem finas, com muita curiosidade, mas confesso que, inicialmente, não entendia nada do que estava escrito.

— Fabio, eu não estou entendendo nada do que está aqui! Ainda não encontrei relação entre este livro e as coisas que você me falou sobre este Messias de Israel — eu disse a ele.

— Mãe, pede a D'us para Ele lhe dar entendimento. Tenho certeza de que Ele vai ajudar você — ele me respondeu.

Por incrível que pareça, no momento em que meu filho me disse isso, fez todo o sentido para mim, porque a ideia de conversar com D'us sempre foi algo comum à minha realidade, era um costume que eu tinha desde a minha infância e adolescência. Sendo assim, realmente comecei a falar com D'us, pedindo que Ele me ajudasse a compreender o que estava escrito naquele livro que me parecia tão enigmático. E pedi...

> **— D'us, me dá entendimento para eu compreender o que os meus filhos querem falar para mim. Se o que eles querem me dizer está neste livro que eles me deram, me ajude a entendê-lo.**

D'us respondeu às minhas orações de uma forma maravilhosa, colocando em meu caminho pessoas que me ajudaram muito nesta minha busca por Ele. Com o apoio do meu então namorado, Osias, comecei a ler muito a Bíblia que meus filhos me deram de presente.

Também contei com a ajuda da Neide, mãe do João Marcos, que havia estudado a Bíblia primeiramente com o Fabio e, depois, conversou bastante comigo sobre muitas coisas que ainda eram novas demais para mim. Afinal, aquela ideia de que eu não precisaria cumprir rituais para alcançar a minha salvação ainda era um tanto estranha e eu estava tentando me acostumar àquilo tudo.

— Mas não precisa fazer nada? No espiritismo, a gente precisa fazer tantas obras, tantas coisas para alcançar os patamares mais altos. No judaísmo, também precisamos cumprir uma liturgia tão vasta, e com Yeshua não preciso fazer nada?

— Paulina, não precisa fazer nenhum ritual ou boas obras. É só crer que o Messias morreu por você, que ressuscitou, vencendo a morte em seu lugar e que Ele permanece vivo, para sempre, para que você também tenha parte em uma vida eterna — ela respondeu. — Ele foi visto por seus discípulos, todos judeus, sendo crucificado, morto e ressurreto, e seus seguidores deram este testemunho em seus Evangelhos.

Em paralelo a essas conversas, eu seguia lendo a Bíblia, e foi quando, em abril de 1997, eu estava sozinha em meu quarto, durante um dos meus momentos de leitura, que cheguei à passagem de Isaías 53, e finalmente tudo fez sentido para mim.

"Verdadeiramente ele tomou sobre si as nossas enfermidades, e as nossas dores levou sobre si; e nós o reputamos por aflito, ferido de Deus, e oprimido. Mas ele foi ferido por causa das nossas transgressões, e moído por causa das nossas iniquidades; o castigo que nos traz a paz estava sobre ele, e pelas suas pisaduras fomos sarados" (Isaías 53:4-5).

— Gente, o que eles estão falando é verdade! Este é o Messias! É impressionante ver que esta profecia no livro de Isaías se cumpriu posteriormente. Aqui está escrito versículo por versículo o que aconteceu com Yeshua, mesmo tendo sido escrito muitos anos antes de Ele vir ao mundo! O que os meus filhos estão querendo me mostrar é verdade!

Não tenho dúvida de que aquele momento sobrenatural, no qual escamas caíram dos meus olhos, foi guiado pelo Espírito Santo de Deus, o Ruach HaKodesh... Meu olhar foi cheio do olhar de D'us por mim.

Creio que, depois do dia do nascimento de cada um dos meus filhos, aquele foi o momento mais emocionante e mais lindo da minha vida. Era eu mesma renascendo para uma nova vida. E, no dia seguinte, eu falei com o Fabio e o Ilan.

— Meus filhos! O que vocês estão tentando me mostrar é verdade! Na Bíblia, está falando sobre o Messias de uma forma muito clara! Ele morreu por nós, Ele pagou o preço pelos nossos pecados, por amor, para nos salvar de uma condenação! — eu disse a eles.

Quando compartilhei com Osias, isso soou como uma boa notícia para ele também — que, na época, estava um tanto afastado de D'us, mas sabia quem era Yeshua, devido à criação que recebeu de sua mãe, uma grande mulher de fé!

Então, certo dia, Fabio me convidou para ir a uma igreja evangélica e eu aceitei, com muita alegria, pois aquela novidade de vida era, sem dúvida, motivo de celebração para mim.

— Quer ir comigo, mãe? É uma coisa diferente da sinagoga. É uma igreja. Espero que você não fique chocada — ele disse.

— Fabio, que é isso? Chocada, eu? Vamos visitar! Quero ver como é! — eu respondi.

Então, fui à Igreja Presbiteriana Independente do Guarujá. Aquela era a primeira vez que eu entrava em uma igreja evangélica e fiquei encantada com tudo. Os louvores, os cânticos, eram maravilhosos, e tudo naquela noite tocou muito o meu coração.

Quando nos mudamos para Santos, visitamos a Primeira Igreja Presbiteriana da cidade e lá conheci um casal maravilhoso, que liderava uma célula — que são estudos bíblicos em grupo, realizados nas casas das pessoas. Eles nos convidaram para participar da célula e foi uma época inesquecível, maravilhosa, na qual nos sentimos muito bem acolhidos e cuidados.

Essa aproximação dos meus filhos Fabio e Ilan, propondo-me ler a Bíblia e falando-me com tanto entusiasmo sobre o Messias de Israel, foi uma experiência muito marcante para mim, porque é muito comum vermos famílias judaicas nas quais os pais educam seus filhos e os ensinam sobre suas raízes e também sobre a fé. Foi dessa forma no lar onde eu cresci.

Porém, quando meus filhos me apresentaram a boa nova de Yeshua, criando um caminho para que o Espírito Santo de D'us, o Ruach HaKodesh, falasse ao meu coração naquele momento de leitura bíblica, creio que isso fez deles o útero espiritual de sua própria mãe, porque, de fato, aquele momento de descoberta, por meio da leitura bíblica, marcou o meu renascimento. Ali se iniciava um novo tempo na minha vida espiritual.

Todo esse desenrolar dos fatos me fez sentir muito amada, porque eles estavam querendo cuidar de mim, se preocupavam com a minha vida. Isso foi uma grande demonstração de amor da parte deles, porque não se acomodaram, pensando: *ah, eu já conheço a verdade... estou mudando de vida. O restante dos meus familiares deve encontrar seu próprio caminho.*

Na verdade, essa experiência gerou um impacto positivo tão forte na vida deles que eles também quiseram que eu tivesse acesso a essa novidade de vida tão boa.

Isso é muito interessante, porque nós, mães e pais, cuidamos, a vida inteira dos filhos, nos preocupamos com o futuro que eles terão, se serão ou não felizes com suas formações familiares, mas, de repente, eles é que estavam cuidando de mim e se preocupando comigo, com o meu futuro. Eu já amava demais meus filhos, mas naquele momento me senti privilegiada como mãe, por ter meus garotos cuidando tão bem de mim. Foi maravilhoso, também, porque o Osias recomeçou a frequentar a igreja evangélica e a estudar a Bíblia com muito afinco e dedicação. Foram momentos inesquecíveis, de muita comunhão familiar.

Eles também, com muito amor, tentaram passar essas boas novas para a Cecilia, mas ela não quis ouvir, não se sentiu tocada, não se sentiu à vontade com a notícia.

Também sempre tive e tenho momentos lindos com ela (minha Cici), minha filha muito amada, filha carinhosa, também sempre preocupada com meu bem-estar. Minha companheira no coral do Colégio Universitas — um tempo muito especial e gostoso com ela. Nossas viagens juntas, nossas fotos compartilhadas e arrumadas pela casa, nossos álbuns que ela decora com tanta arte! Minhas idas para vê-la em suas apresentações de teatro, pois, além de professora de alemão, Cecilia é atriz profissional, e muito boa, por sinal.

✡

Ao longo do tempo, passei a entender que essa experiência sobrenatural, sem deixar de ser racional, que tive com Yeshua, não foi simplesmente um ato de abandonar tudo o que eu havia vivido e aprendido no passado para viver uma vida 100% nova a partir de então. Minha vida continuava, o meu emprego, minhas amizades e até áreas mais profundas da minha vida, como meus filhos e logicamente as minhas origens, não mudaram.

Porém, a partir dessa nova experiência de vida, eu ganhava um novo olhar sobre as coisas e as pessoas ao meu redor.

Eu não deixei de ser judia, de pensar como judia e agir como judia. Contudo, a partir dali, eu passei a ser uma judia que reconheceu em Yeshua o salvador de sua vida, o Messias tão esperado, Aquele de quem todos os profetas do Primeiro Testamento falaram — assim ocorreu com muitos judeus nos tempos bíblicos, quando Ele andou por este mundo.

Obviamente que, como tudo aquilo era muito novo para mim, juntamente com todo o entusiasmo da minha nova descoberta de fé, muitas incertezas e até certos medos também surgiam. Afinal, eu teria de compartilhar isso com muita cautela entre meus parentes.

LEÃO DA MONTANHA

Minhas novas descobertas sobre Yeshua e a relação que decidi passar a ter com Ele (reconhecendo-O como o Messias e o meu salvador) me trouxeram bastante receio, sobretudo devido ao que meu pai pensaria de tudo isso. Em um trecho do seu livro *O leão da montanha*, ele faz certas confissões que mostram o quanto minhas preocupações tinham fundamento, mas também o quanto ele respeitava as decisões de seus filhos.

> Por ser tolerante, acho que cometi erros na educação dos meus filhos e netos. Mas como posso não ser tolerante? Sofri tanto com pessoas e governos intolerantes que não consigo ser radical nos meus atos, porém vejo e sinto minha família desintegrando-se pouco a pouco. Separações familiares, assimilação e casamentos com pessoas de outros credos e filosofias, levando a uma

desunião total da família. Quanto mais eu desejo vê-los perto de mim, mais eles se afastam; não consigo mais tê-los ao meu redor. Cada um que dá início a uma nova família é influenciado pelo cônjuge ou pelo ambiente em que vive, cujos costumes e crenças são diferentes de tudo aquilo em que sempre acreditei. Estes fatos reais que nos separam me ferem muito. Este foi o resultado de ser "tolerante" com os filhos... Talvez eu esteja sendo castigado por isso, ou talvez tenha que ser assim mesmo. Quem sabe? Em pleno Yom Kipur, embora nunca tenha sido religioso, vejo-me desobedecendo as principais atitudes e ritos da crença judaica, como orar, jejuar e pedir perdão ao nosso Deus pelos pecados e pela inobservância das nossas leis. Dentro de mim, da minha consciência, peço perdão a esse Deus desconhecido que acredito que existe, mas que não consigo compreender (Yaari, 2009, p. 306–307).

Cerca de uma semana depois desse momento tão especial da leitura bíblica, eu sonhei com um homem — que interpretei que fosse Yeshua — e Ele me falava:

— Não temas! Eu te tomo pela mão direita e te ajudo!

Eu acordei muito emocionada e também com o coração muito confortado por aquelas palavras. Um tempo depois, vim a descobrir que as palavras que Yeshua me dizia em sonho tinham inspiração na passagem do livro do profeta Isaías: 41:13.

Esse versículo de Isaías é o mais importante na minha vida pessoal, porque Ele falou comigo em sonho, logo depois que eu O reconheci como Messias.

Diferente de muitos testemunhos ou depoimentos, quando decidi seguir Yeshua, não estava em uma igreja, nem atendi a um apelo feito por um pregador. Eu simplesmente compreendi aquela verdade enquanto lia a Bíblia no meu quarto e O reconheci como o Messias.

Apesar de todo o conforto que recebi em meu coração, com aquelas palavras ditas por Yeshua naquele sonho, muitos questionamentos ainda rondavam minha mente.

Todo o cuidado que recebemos de nossos novos amigos na célula foi muito importante para nós, mas um questionamento ainda permanecia em mim, no Fabio e no Ilan.

— Será que nós somos os únicos judeus do mundo que acreditam que Yeshua é o Messias? — nós nos perguntávamos.

Então, começamos a pesquisar e buscar informações também com os amigos que participaram do início dessa nova fase de nossas vidas. Quando perguntamos sobre isso para Neide, ela nos informou sobre um grupo de judeus em São Paulo que, assim como nós, reconheceu em Yeshua o Messias de Israel.

— Olha, eu conheço umas pessoas de São Paulo. Eles são judeus e passaram por essa mesma experiência de vocês com relação ao Messias de Israel — ela nos contou.

Nós achamos aquilo fora do comum, e ela nos apresentou a um casal de judeus messiânicos, que fizeram grande diferença na nossa vida naquela época. Além deles, também contamos com o apoio do rabino Daniel, que liderava uma congregação judaico-messiânica em São Paulo naquele tempo.

Daniel é filho de missionários judeus dos Estados Unidos, que reconheceram Yeshua como o Messias de Israel, e nos abraçou, nos acolheu com muito carinho e atenção.

Os judeus messiânicos seguem todas as tradições judaicas, observando o shabbat, celebrando o bar mitzvah, entre outras tradições, porém acreditando que o Messias já veio e que Ele é Yeshua. Então, no sábado, eles realizam os estudos, até mesmo usando as palavras em hebraico. Por exemplo, quando o rabino vai ler um trecho do livro de Gênesis, não chama o livro por esse nome, mas por seu nome hebraico, que é Bereshit.

Muitos dos cânticos entoados por eles são originados dos Salmos e outros livros do Primeiro Testamento, que eu cantava no Dror, quando era adolescente. Porém, eles cantam também com as traduções.

— Gente! Eu cantava os Salmos, as músicas do shabbat, mas nem sabia o que estava cantando! Mas agora, vendo a tradução, sei que o que cantávamos faz todo o sentido — eu dizia ao ouvir os cânticos e compará-los com as traduções.

Hoje eu canto, participando da nossa liturgia, entendendo o que estou cantando, e adorando e louvando verdadeiramente a D'us.

Eu lembro que, como contei anteriormente, cantávamos muito e dançávamos uma música que dizia "Davi é o rei de Israel e está vivo!". Quando vi a tradução dessa música, entendi que ela falava de Yeshua. Por que o cântico diz que Davi está vivo? Porque Yeshua está vivo e Ele vem da raiz de Davi. Muitos cantam e dançam esse cântico, mas não se atentam para isso.

A minha experiência com Yeshua não me levou a um rompimento, mas me permitiu uma

conexão ainda mais forte com as minhas raízes, porque tudo se explicou na minha mente.

Aquela novidade de vida foi a resposta que tanto procurei durante anos de buscas por D'us, e ter meus questionamentos mais profundos respondidos por essa verdade foi realmente algo libertador para a minha vida.

✡

Essa experiência que vivi — e sigo vivenciando diariamente desde então —, ouvindo o Espírito Santo, o Ruach HaKodesh, falar ao meu coração, sem dúvida, foi algo espiritual. No entanto, ela não se limita apenas a esse plano sobrenatural. Tudo isso ocorreu e continua ocorrendo todos os dias também de forma racional. No meu cotidiano, fé e razão, espiritualidade e racionalidade, não entram em conflito, mas se complementam.

Elas se relacionam nas atitudes que eu tomo no dia a dia, nas coisas que eu tenho de fazer, e às vezes sinto um peso, um temor de algumas responsabilidades que podem parecer "grandes demais" para mim. Quando a razão começa a me mostrar essas coisas, recebe o apoio da minha fé, na qual o Espírito Santo me diz:

— Não temas! Eu sou contigo!

Quando isso acontece, minha fé não está eliminando a minha razão, mas, sim, proporcionando a mim um novo olhar: o de que D'us sabe de todos os meus planos e também sabe o que é melhor para mim.

Minha fé não se baseia meramente em uma epifania, mas em certezas, convicções de que D'us tem Seus planos para nós e esses planos são perfeitos, embora nós não o sejamos ainda.

RUACH HAKODESH

Como deixei claro que a experiência tão marcante que vivenciei naquele momento de leitura bíblica, com a passagem do livro do profeta Isaías (53) foi guiada pelo Espírito Santo, deixo então aqui o termo hebraico usado para se referir a Ele.

A grafia hebraica para Espírito Santo é רח הקודש e se lê, como tenho escrito no decorrer deste capítulo, Ruach HaKodesh. Não tenho dúvidas de que, nos meus momentos mais difíceis e também nos mais festivos, Ele está junto ao meu coração, sempre me consolando, conduzindo-me e alegrando-me.

PRIVILÉGIO

Sempre tive a sensação de que meus filhos tinham alguma forma de unção sobre eles. Não apenas pelos ritos aos quais foram submetidos na infância e adolescência, mas também por suas condutas dentro de casa, sua forma de se relacionar e cuidar da família, e, por fim, quando eles se tornaram mensageiros das boas novas para mim.

Com a minha separação, eles enfrentaram muitos problemas. Chegaram a se sentir um tanto perdidos em alguns momentos, bem como eu também me senti por diversas vezes. E creio que uma "semente" dessa unção os tenha fortalecido para que pudessem suportar tudo isso.

Mas quando eles encontraram Yeshua e foram tocados pelo Espírito Santo, essa unção, que já parecia ter sido semeada no início de suas vidas, começou a revelar-se com muita força em tudo o que faziam, sobretudo no cuidado que tiveram em me apresentar o amor do Messias de Israel e a salvação que nEle há.

Assim eles acertaram suas vidas. Hoje, eu os vejo estudando tanto e percebo que não fazem isso apenas por questão de sobrevivência, para terem melhores salários ou acumularem mais conhecimento. É visível que todo esse trabalho tem um motivo maior, que é buscar a D'us de uma forma tão maravilhosa e fazer o melhor possível para servi-lO.

Sinto-me muito privilegiada!

Sinto-me privilegiada também porque a Cecilia busca conhecimento, lendo muito, pesquisando; ela é muito estudiosa, curiosa, prática, muito trabalhadora, muito esforçada! Sinto-me privilegiada por desfrutarmos de uma unidade de amor independentemente da espiritualidade vivenciada de cada uma. Somos uma família e é isso que prevalece!

יִשְׂרָאֵל

Já que destaquei a maneira maravilhosa como os meus filhos Fabio e Ilan foram usados por D'us para esta minha experiência de vida transformadora, gostaria de recomendar, aqui, uma visita à cidade de Carmiel, situada nas montanhas da Galileia, região Norte de Israel. Carmiel foi a primeira cidade onde meu filho Fabio morou em Israel e, posteriormente, Ilan também se mudou para lá. Chegando à cidade, eles encontraram uma congregação judaico-messiânica e receberam muito apoio das pessoas daquela comunidade.

Essa congregação também foi a primeira judaico-messiânica em que tive a oportunidade de entrar em Israel, e ver como são feitos os cultos. Eu fiquei maravilhada, muito tocada ao descobrir posteriormente uma grande quantidade de judeus messiânicos vivendo em Israel.

Foi nessa cidade, também, que o sonho do Fabio começou a se realizar, porque, quando ele encontrou Yeshua, falou que o objetivo de sua vida se tornou falar do Messias para os judeus. Essa missão tem sido repleta de desafios, mas ele se mantém firme no propósito.

5

Estranhamento à vista...

UMA OPORTUNIDADE

*Porque um menino nos nasceu, um filho se nos deu;
e o principado está sobre os seus ombros; e o seu
nome será: Maravilhoso, Conselheiro, Deus Forte,
Pai da Eternidade, Príncipe da Paz.*

(Isaías 9:6, Bíblia João Ferreira de
Almeida, Revista e Atualizada, SBB)

Após as minhas descobertas de fé, minha experiência com Yeshua e a minha convicção de que aquele era o caminho que eu deveria seguir pelo resto da minha vida, eu precisei enfrentar alguns desafios, e preciso reconhecer que eles começaram dentro do meu próprio círculo familiar.

Obviamente, as minhas motivações eram, e ainda são, as melhores possíveis, mas, assim como na vida, o frescor da juventude também é acompanhado de certa imaturidade, o renascimento na fé também nos coloca em uma caminhada de amadurecimento pessoal como um todo. Por isso, reconheço que, enquanto havia resistência por parte de alguns de meus familiares, havia também certa inexperiência da minha parte, pois eu ainda estava processando a ideia de que acabava de ser preenchido aquele sentimento de busca, e a percepção de que outra busca se iniciara. Assim que fui alcançada por Yeshua, minha visão se abriu de tal forma que tudo parecia fazer sentido para mim, e eu passei a ter dificuldade de entender como alguém poderia discordar daquilo que eu acabara de descobrir.

Enfim descobri as respostas que tanto busquei para os meus questionamentos, e me sinto tão bem com isso que gostaria que todos se sentissem tão bem quanto me sinto agora, eu pensava.

Da parte de cada um dos membros da minha família, precisei lidar com reações das mais diversas formas. Afinal, apesar de todos serem tradicionalmente judeus, cada um tinha sua própria interpretação do judaísmo, bem como cada ser humano tem seu próprio pensamento acerca de questões como religião, fé e espiritualidade.

A resistência a essa minha mudança de rumo não surgiu por parte dos meus filhos, Fabio e Ilan, porque foram justamente eles que me ajudaram a abrir os olhos para a mensagem de Yeshua, porém, no caso de minha filha Cecilia, encontrei resistência significativa. Provavelmente, ela foi a primeira e mais próxima oposição que encontrei à minha nova decisão de fé, e confesso que eu tenho a minha parcela de culpa nisso.

Ela é minha filha e quero que ela conheça a verdade, quero que ela encontre o que encontrei!, eu pensava.

Esse desafio representado pela resistência de Cecilia às minhas novas experiências de fé se intensificava pelos fatores de que eu acompanhava minha filha crescendo, tornando-se mais independente, enquanto eu ainda me esforçava, como uma boa mãe judia, para garantir que ela tivesse sempre o melhor. Nesse caso, eu queria garantir que ela optasse pelo melhor caminho, assim como eu estava convicta de que o caminho que eu passei a seguir era o melhor possível.

Não é fácil permitir que os filhos sigam seu próprio caminho e que, depois de termos passado anos opinando sobre suas vidas, eles passem a opinar também sobre as nossas.

Enquanto Cecilia queria que eu não mudasse nada sobre minha fé, eu desejava que ela passasse pela experiência maravilhosa que eu, Fabio e Ilan havíamos passado. Vejo hoje na minha filha um exemplo de determinação e convicção para estar onde acredita, de forma a não ser levada por opinião ou vivência dos que a cercam. Se um dia ela mudar, será por ela mesma e não por ser levada por X ou Y.

Parentes próximos se mantiveram como uma incógnita, pessoas, que assim como eu, foram criadas sob os princípios judaicos e que os seguiam fielmente. Outros, após a minha descoberta sobre Yeshua, disseram que acreditavam na mensagem que estávamos seguindo, mas isso não se revelou em suas atitudes. E ainda outros, até hoje não sei dizer exatamente o que pensaram sobre a minha decisão, sobre a experiência tão marcante que vivenciei.

Alguns ficaram felizes, mas por eu me sentir realizada, e não por minha decisão em si. Esses são os mais abertos a acreditar e celebrar qualquer tipo de fé; o importante é crer. Esses estiveram em meu casamento com celebração cristã, sem qualquer dificuldade; não se sentiram mal por estarem em uma igreja e expressaram sua felicidade em ver minha nova fase de vida.

Também tive de lidar com, literalmente, o afastamento de parentes com quem até então eu tinha uma boa relação; pessoas que sempre seguiram estritamente os princípios e valores do judaísmo. Quando souberam da minha decisão de seguir Yeshua, não falaram nada, mas simplesmente se afastaram de mim e se recusaram a retornar às minhas tentativas de contato. Já outros parentes me ligaram, expressando sua total decepção e indignação ao saberem que eu estava vivendo essa nova fase da minha espiritualidade.

— Você está enganada. Isso vai contra tudo o que aprendemos durante toda a nossa vida, em nossas famílias. Deixe esta história de Yeshua, de Messias de Israel, por favor! — diziam, considerando que, se concordassem comigo, estariam traindo seus pais, que morreram nos campos de concentração, durante a Segunda Guerra.

Minha mãe já havia falecido pouco tempo antes de eu enfim decidir seguir Yeshua, porém ainda tenho, no fundo do meu coração, a esperança de que ela tenha recebido o Messias de Israel em sua vida, antes de falecer. Eu soube que a amiga que falou sobre Yeshua para Fabio e depois para mim teve a oportunidade de conversar com minha mãe, e prefiro seguir acreditando que a Palavra semeada não volta vazia. Isso me conforta o coração de alguma forma.

Já com meu pai, a situação foi um pouco menos conflituosa. Ele sempre deixou muito claro que não concordava com a minha nova decisão de seguir Yeshua, mas creio que, justamente por ele ser a parte mais madura da nossa relação, optou por pensar assim, como a escritora Evelyn Beatrice Hall, que, ao tentar sintetizar alguns pensamentos do iluminista Voltaire, criou a célebre frase: "Posso não concordar com nenhuma das palavras que você disser, mas defenderei até a morte o direito de você dizê-las". Tal posicionamento definia muito bem a forma como o meu pai agia e pensava em todos os seus relacionamentos, como suas amizades, seu casamento, no ambiente de trabalho... com sua amada filha não seria diferente. Pelo contrário, sua atitude de respeito veio carregada de muita ética e, sobretudo, muito amor! Meu pai me mostrou que sentimentos como amor e respeito não exigem de nós a concordância e a aceitação.

Amar e respeitar é algo que decidimos fazer pelas pessoas à nossa volta, apesar de muitas vezes faltar concordância e aceitação diante de seus atos, posicionamentos e modo de levar a vida.

Como eu poderia exigir do meu pai que ele simplesmente concordasse com algo que, em sua opinião, significava contrariar tudo que lhe ensinaram durante toda sua vida? Não seria por força ou debates acalorados que eu conseguiria tal feito.

Creio que essa foi uma das maiores lições que tive na época, porque entendi que eu não precisava nem deveria esperar a aceitação de ninguém com relação à minha decisão. O importante é que eu passei a me sentir realizada por ter encontrado em Yeshua as respostas que busquei durante toda a minha vida, sobre questões de fé e espiritualidade. E isso seria suficiente!

LEÃO DA MONTANHA

A grande lição de respeito e amor que aprendi com meu pai nessa época não foi algo que ele expressou exclusivamente diante da minha decisão. Sua reação madura e consciente se deu em razão de uma sabedoria que simplesmente era parte dele. Isso se prova em mais um trecho de seu livro, *O leão da montanha*, que eu compartilho a seguir:

> Quando penso no futuro, meu ego se sente satisfeito, porque já estou velho e não vou precisar passar pela hecatombe que está por vir. Quando começo a me aprofundar nos meus pensamentos, discordo totalmente dessas ideias absurdas. Neste tempo de fanatismo religioso, devemos cultivar a tolerância. A chamada experiência religiosa é, na realidade, uma antiexperiência, uma vez que, quem faz uma oração a Deus,

reconhece de antemão a sua transcendência, ou seja, a própria e absoluta subordinação a um valor absoluto, inatingível pelas simples vias da razão. Daí advém duas consequências essenciais: a tolerância para com os que não têm a graça de crer e a igualdade de valor entre todas as formas de religião e crença.

Quando, ao contrário, nos consideramos os donos da verdade absoluta e nos arrogamos a prerrogativa de impor aos demais o que nos parece certo, a pretexto de estarmos cuidando, de boa-fé, de sua salvação, abrimos a porta para o fundamentalismo, e ficam assim justificados todos os abusos e desmandos (Yaari, 2009, p. 308).

Confesso que o desejo do meu coração sempre foi que todos os membros da minha família, nuclear e estendida, vivenciassem o que eu vivenciei e vivo até hoje com o Messias de Israel, mas atitudes como a de meu pai e também a maturidade que a caminhada com Yeshua me trouxe ao longo do tempo me explicaram que não cabe a mim convencer ninguém e que essas pessoas encontrarão o que buscam no momento certo. O meu papel, a partir dessa minha decisão, é o de dar um bom testemunho de vida, e mostrar o quanto essas descobertas têm me feito bem e me ajudado a me tornar uma pessoa melhor a cada dia.

É um grande desafio diário ser um espelho dessa verdade tão maravilhosa que um dia me apontou a direção, não escorregar ou tropeçar pelo caminho, dar o testemunho, ter coragem. Eu sou uma pessoa muito tímida e tenho pedido a D'us que Ele me ajude a superar minha timidez, para conseguir expressar melhor esta visão que me foi revelada um dia, e que eu faça de uma forma cheia de convicção, porém não invasiva. Dessa forma, sempre que saio de casa, peço ao Espírito Santo que Ele crie oportunidades de falar a outras pessoas e, se essas chances não surgirem, vou mostrar a mensagem de Yeshua no meu agir.

Outro grande desafio para ser alguém que transmite tal mensagem transformadora em meus atos está justamente no desenvolvimento da sabedoria e discernimento para expressar a empatia, solidariedade, estender a mão a quem realmente precisa — mesmo que essa pessoa não seja tão próxima a mim. Além de tímida, também sou muito metódica, então, se uma pessoa está precisando agora de mim, mas eu tenho um compromisso marcado com outra, confesso que entro em conflito, porque ajudar quem precisa é um ato muito nobre, um ato de amor, é um bom testemunho de vida, mas honrar os compromissos também é uma questão de integridade.

Outro desafio que enfrento é prestar um pouco mais de atenção em meus sentimentos e minhas possíveis reações. Quando falo em perder a minha timidez, creio que também não posso correr o risco de perder, junto, o meu domínio próprio. Afinal, simplesmente falar o que penso pode não ser um sinal de sinceridade e autenticidade, mas sim falta de bom senso.

Após eu abrir meus olhos para essa verdade, abrir a minha vida para receber Yeshua, meu cotidiano se tornou bem mais amplo do que era antes, sobretudo na questão de fé. Hoje eu entendo que minha conexão e relação com D'us não estão restritas a um templo ou a orações já escritas que eu seguia repetindo.

Obviamente, não duvido que tais preces tenham seu valor, sua beleza e que tenham sido escritas em um contexto riquíssimo, de muita fé. Porém, também entendo que D'us está pronto a ouvir, não apenas o que eu repetir de uma Escritura, mas também aquilo que vem do meu coração. E, se por um lado isso é maravilhoso, por outro também me tira da minha zona de conforto, porque acabo percebendo que o Criador quer um relacionamento de proximidade comigo e já me conhece por inteiro.

Não há como esconder nada de D'us. Cabe a mim colocar-me sempre debaixo de Suas misericórdias, que se renovam a cada manhã, e seguir tentando fazer a minha parte, para que as pessoas vejam o Seu amor em minha vida.

✡

Minha decisão de seguir Yeshua trouxe imensa alegria e paz ao meu coração, devido à convicção de que havia encontrado as respostas a questionamentos que tive durante praticamente todos os anos da minha vida até então. Contudo, também me mostrou que certas rupturas podem ser inevitáveis quando optamos por trilhar determinados caminhos.

Exemplo dessas rupturas foram os afastamentos de pessoas que antes tinham fortes laços comigo. Confesso que, em alguns casos, eu tive a minha parcela de culpa, pelo fato de ainda estar no calor da novidade de vida na qual eu acabara de ingressar. No entanto, em outros casos, pessoas simplesmente se afastaram, sem que eu lhes dissesse ou fizesse nada. Elas tomaram tal atitude porque eu decidi algo para minha própria vida e elas não concordavam com a minha escolha.

Como eu poderia evitar tais rupturas? Não é por minha força, eu não tenho controle sobre isso e não posso obrigar ninguém a se relacionar comigo, e D'us sabe disso. Creio que, quando estiver dentro do tempo e da vontade dEle, a minha reaproximação com quem se afastou de mim irá acontecer.

Acredito que D'us age nas pequenas coisas, e, se assim Ele faz quanto aos detalhes do nosso dia a dia, imagine, então, quanto às coisas grandes! Eu estou com meu coração cada vez mais em paz e já liberei o perdão a quem quis se afastar de mim simplesmente por conta da decisão que tomei para a minha própria vida. Quando essa reaproximação acontecer, pretendo mostrar meu testemunho nas minhas atitudes e não montar um púlpito para pregar, muito menos despejar qualquer tipo de mágoa sobre essas pessoas. Afinal, a minha decisão não apagou nenhum detalhe da história que tive com cada uma delas.

Enquanto compreendo que certas rupturas não dependem somente de mim, entendo que outras podem ser evitadas. Não acredito que, ao me alcançar, Yeshua quisesse que eu simplesmente me afastasse de pessoas que não acreditam nEle. Pelo contrário, consigo ver que esse é um momento em que posso aprender a diferenciar o fato de estar junto das pessoas do fato de fazer as mesmas coisas que elas fazem, ou elas terem que fazer o mesmo que eu.

Obviamente, com a minha transformação de vida ocorrendo, determinados ambientes e contextos se tornaram um tanto desconfortáveis para mim, mas isso não quer dizer que eu precise cortar relações com todas as pessoas que levam estilos de vida com os quais eu não concordo ou vivencio mais.

Também não gosto de enxergar nenhuma ruptura, seja ela evitável ou não, como um símbolo de martírio. Se o afastamento estava fora do meu alcance, paciência, e, se pode ser evitado, vou evitar. Mas jamais usarei isso como um símbolo de sacrifício da minha parte e falar algo do tipo: "Eu gostaria muito de estar junto daqueles meus amigos de antigamente, mas preciso fazer este sacrifício para viver esta vida nova".

Pelo contrário! Se eu quero mostrar que Yeshua me tornou uma pessoa melhor, tenho de me aproximar de qualquer tipo de pessoa, de qualquer crença, de qualquer estilo de vida. Eu nunca tive essa atitude de me afastar como forma de me sacrificar, ou sacrificar minhas amizades antigas em razão de uma nova visão de fé.

Logicamente que, após decidir seguir este novo caminho, passei a me sentir melhor em outros ambientes, mas não necessariamente apenas com outras pessoas. Vejo que o que aconteceu foi uma ampliação da minha rede de relacionamentos. Passei a conhecer amigos que se tornaram chegados como irmãos, e entendi que seria muito bom seguir me relacionando com aquelas pessoas que não se afastaram de mim, porque elas me fazem bem, independentemente de suas crenças.

Fato interessante é que a cada dia mais vejo que fiz a escolha certa em não cortar relações com esses amigos queridos ou até mesmo não me fechar para novas amizades fora do meu círculo de fé, porque entendi que é possível deixar claro os meus posicionamentos, mesmo que eu não arme um púlpito diante deles. Tenho provas de que estou conseguindo isso, dia a dia, quando ocorre de eu estar com alguns desses amigos e um deles acabar soltando um palavrão, e o outro, que nem compartilha da mesma fé que eu, chamar a atenção de quem proferiu a palavra torpe:

— Ô, rapaz! Tenha mais respeito! A Paulina está aqui com a gente — diz um deles.

Mantenho a discrição, mas no meu coração me encho de alegria, porque me sinto respeitada por eles. E creio que o sentimento que deveria guiar as relações, acima de divergências de pensamento sobre qualquer questão, seja de fé, política ou qualquer outro assunto, deveria ser o **respeito**. É esse sentimento tão valioso que me leva a olhar para o meu próximo como alguém que, apesar de não ter a minha concordância em tudo o que faz, é um ser humano como eu e também é muito amado por D'us.

Entendo que, apesar desse cuidado em me respeitar vir dessas pessoas, o grande desafio muitas vezes não está diante delas, mas diante de mim. Afinal, elas estão lá, no ambiente delas, curtindo e fazendo tudo que elas acham que é bom e que é normal fazer. Já eu estou, não exatamente em um ambiente, mas em um contexto que talvez me deixe um pouco desconfortável. E, por mais que eu sinta tal desconforto, muitas vezes, por consideração às minhas amizades, me permito estar ali, e entendo que esse desafio ocorre dentro de mim, da mesma forma que elas, talvez, se sentissem desafiadas se estivessem no meu ambiente.

> **Muitas pessoas que vão à igreja e lá sustentam uma imagem "santa", no ambiente de trabalho ou dentro de casa não têm o mínimo respeito por aqueles que as rodeiam. Isso só me mostra que o testemunho de vida é algo que desenvolvemos pessoalmente e não que acompanha um pacote, anexado à fé que decidimos seguir.**

EMUNAH

De fato, a fé não é algo que simplesmente adquirimos e mantemos guardada para usar quando bem entendemos. É muito mais valiosa do que imaginamos e merece, sim, ser desenvolvida, aprofundada à medida que caminhamos dentro daquilo que nos trouxe a essa visão.

Na grafia hebraica, esse termo se escreve אֱמוּנָה e se lê *emunah* (fé). Achei por bem dar destaque a esse termo, porque entendo a importância que a minha fé teve para eu manter a convicção, diante de tantos questionamentos que me foram feitos e estranhamentos que surgiram diante da minha decisão.

OPORTUNIDADE

A minha decisão de seguir Yeshua gerou estranhamento e até preconceito por parte de muitas pessoas ao meu redor. Não vou negar que esse tipo de reação foi um grande incômodo para mim, porque em alguns momentos foi como um balde de gelo sobre toda a alegria que estava sentindo por ter passado a enxergar essa novidade de vida. Mas também vejo nessa situação uma forma de D'us ter me tirado da minha zona de conforto.

Creio que o **estranhamento** por parte dessas pessoas acabou se tornando muitas vezes uma grande **oportunidade** para ambas as partes.

Para mim, foi uma ótima chance de me aprofundar no conteúdo que eu estava começando a descobrir e não ficar apenas na superficialidade. Afinal, o estranhamento gera questionamentos, e, apesar de eu me sentir muito convicta do que estava sentindo, gostaria também de saber como explicar isso àqueles que me questionassem.

Já para essas pessoas foi uma oportunidade de passar a olhar para uma questão de uma forma que ainda não haviam olhado antes. No caso dos meus familiares, por exemplo, tenho certeza não de que aceitaram imediatamente a mensagem de Yeshua, mas no mínimo sentiram a proximidade disso, por ter acontecido comigo, alguém de dentro do círculo familiar. Afinal, é inevitável que você veja uma questão com outros olhos quando acontece com alguém muito próximo a você.

— O que aconteceu com a Paulina? — muitos devem ter se perguntado.

Aqueles que tiveram a iniciativa de me perguntar diretamente ouviram minhas respostas e eu sigo pedindo a D'us por cada um deles, e que Ele me prepare para lhes falar com muito amor sobre a mensagem de Yeshua, caso queiram ouvir.

Se eu continuasse com a mesma crença, com a mesma atitude, nenhuma dessas pessoas teria a oportunidade de pensar que alguém da família, de repente, pensa diferente de tudo aquilo que lhes fora ensinado até então.

Por isso, considero que é uma oportunidade para elas pensarem a respeito do assunto, e sempre é uma oportunidade para mim para mostrar que, principalmente, eu não deixei de ser judia por ter passado a acreditar que Yeshua é o Messias de Israel.

Eu não me "converti", como muitos podem ter dito sobre mim. Pelo contrário, após essa minha decisão, passei a me sentir plenamente judia, porque eu sempre amei e acreditei em tudo aquilo que está escrito no Tanach.

E esse abrir da minha visão me fez enxergar a peça que faltava em todo este quebra-cabeça.

Eu creio que, desde Gênesis até o último profeta, Malaquias, todos esses livros falam de Yeshua, então eu apenas reconheci a verdade daquilo que eles falam.

No caso de alguns dos meus familiares que foram mais enfáticos em suas críticas, busquei reagir de forma pacífica, mas também não deixei de me posicionar em diversas ocasiões. Para isso, acabei buscando nas próprias Escrituras judaicas as respostas para dar a eles. Uma delas foi a passagem de Isaías 7:14, na qual está escrito: "Portanto o mesmo Senhor vos dará um sinal: Eis que a virgem conceberá, e dará à luz um filho, e chamará o seu nome Emanuel". Outra foi o texto de Isaías 9:6, onde está escrito: "Porque um menino nos nasceu, um filho se nos deu, e o principado está sobre os seus ombros, e se chamará o seu nome: Maravilhoso, Conselheiro, Deus Forte, Pai da Eternidade, Príncipe da Paz".

Como judia que sou, não vejo como contestar ou rejeitar a palavra de um profeta, uma profecia tão clara diante de mim.

Veja só que interessante. Talvez se não fosse esse estranhamento, eu não teria buscado essa passagem com essa finalidade. De alguma forma, essa situação um tanto desconfortável me fez buscar respostas que acabaram servindo para o meu próprio crescimento espiritual, para o meu próprio amadurecimento na fé, para o meu próprio entendimento sobre o caminho que decidi seguir.

יִשְׂרָאֵל

Zihron Yaakov é uma cidade localizada na região do Monte Carmelo e que tem um significado pessoal muito especial para mim, pois foi o primeiro lugar que visitei em Israel, logo após eu ter decidido seguir Yeshua. Foi especial também porque foi uma aventura e tanto junto com meu filho!
Na época, o meu filho Ilan estava lá e estava estudando em um kibutz bem em frente ao Monte Carmelo. Nós fomos a pé até o monte e o escalamos, com o Ilan me ajudando a subir. Não me restaram dúvidas de que tudo aquilo nos havia sido proporcionado por D'us. Então, naquela ocasião, eu passei a ver Israel de uma forma totalmente diferente.
Assim que chegamos à cidade, encontramos uma pequena sinagoga e na entrada do templo havia um senhor que começou a falar em *idish* comigo. Nós nos apresentamos e ele nos levou para dentro da sinagoga. Eu me encantei com essa cidade porque tudo nela é muito simpático, parecendo ter saído de um livro antigo ilustrado, com suas belas casinhas, de portões

baixos e jardins floridos na entrada. Tudo bem bucólico e muito convidativo, aconchegante...
Assim como o convite de D'us para nos achegarmos a Yeshua.

6

O Messias de Israel...

UMA POSSIBILIDADE

E tu, Belém Efrata, posto que pequena entre milhares de Judá, de ti me sairá o que há de reinar em Israel, e cujas saídas são desde os tempos antigos, desde os dias da eternidade.

(Miqueias 5:2, Bíblia João Ferreira de
Almeida, Revista e Atualizada, SBB)

Das histórias que mais me encantam a respeito do meu povo, creio que a da Páscoa (Pessach) seja a principal delas. Sempre que leio as linhas do Êxodo, me emociono e sinto como se me transportasse em pensamento àqueles tempos, percebendo que os desafios enfrentados por meu povo, pela sua própria sobrevivência, são milenares.

E toda essa libertação teve início em um momento bem inusitado. A princesa, filha do faraó, estava banhando-se às margens do Nilo quando encontrou um cesto de canas de papiro, coberto com betume. De dentro do objeto, ouvia-se o choro de um bebê. Então, ela pediu que lhe trouxessem o cesto e se encantou com a criança que flutuava, tão bem protegida, pelas águas do majestoso rio. O bebê era o filho de uma hebreia, que, por medo de perdê-lo, em razão da tirânica ordem faraônica de matar os bebês hebreus com a finalidade do controle populacional de uma etnia escravizada, lançou o menino às águas.

A princesa deu-lhe o nome de Moisés (Moshe), que significa "retirado das águas". O menino foi criado dentro do palácio, sob os ensinamentos do faraó e das leis egípcias, mas suas raízes hebreias nunca perderam a voz dentro dele. Quando ele se deparava com a realidade de seus irmãos sendo oprimidos pela escravidão, um conflito interno surgia.

Quando, já adulto, Moisés viu um hebreu escravizado sendo espancado, acabou reagindo impulsivamente àquela cena tórrida e matou o agressor. Na época, a pena para quem matasse um egípcio era também a própria morte. Para sobreviver, o príncipe adotado pela filha do faraó fugiu para o deserto e, depois de dias caminhando sobre a areia quente e dormindo no frio, chegou às terras de um homem chamado Jetro, um criador de cabras da região de Midiã.

Moisés passou a trabalhar nas terras de Jetro e também se afeiçoou a Zípora, uma das filhas de seu patrão, e veio a casar-se com ela posteriormente. Tudo parecia caminhar bem, rumo a um recomeço, quando, certa noite, enquanto cuidava das cabras de seu patrão, Moisés se sentiu atraído por uma voz imponente, no Monte Horebe, e foi até uma sarça, que ardia em fogo, mas que não era consumida.

— Moisés, Moisés — chamava a voz.

— Eis-me aqui — respondeu o pastor de ovelhas.

— Não te chegues para cá; tira os teus sapatos de teus pés; porque o lugar em que tu estás é terra santa. Eu sou o D'us de teu pai, o D'us de Abraão, o D'us de Isaque, e o D'us de Jacó — disse a voz.

Aquele momento foi poderoso de tal modo que Moisés cobriu seu rosto, temendo olhar para D'us. No entanto, aquele chamado não tinha como objetivo amedrontar o então pastor de ovelhas, mas convocá-lo para uma missão: a de libertar seu povo, até então cativo no Egito.

Após muito relutar, Moisés saiu de Midiã e atravessou o deserto rumo ao palácio do Faraó, para comunicar a mensagem divina que recebera naquele monte: O "Eu Sou" havia ordenado que todos os hebreus fossem libertos para lhE prestar culto fora dos muros do reino egípcio. O clamor dos hebreus que perdurou durante séculos parecia estar sendo respondido.

Porém, o coração do faraó logo se endureceu e então dez pragas aterrorizaram a população do Egito. As águas do Nilo se transformaram em sangue, milhões e milhões de rãs se espalharam por todo o Egito, mosquitos praticamente cobriram todo o reino, moscas também invadiram e atormentaram a população, doenças epidêmicas surgiram nos animais, o povo padeceu com úlceras, uma chuva de pedras caiu sobre as casas e o palácio, nuvens de gafanhotos devoraram toda a lavoura e invadiram as casas, trevas dominaram os céus e, por fim, o anjo da morte ceifou a vida de cada primogênito egípcio.

Dentro dos lares hebreus, realizavam-se os rituais apontados pelo próprio Moisés para que fossem observados pelas famílias hebreias naqueles dias de uma arriscada fuga em massa, que incluíram o sacrifício de um cordeiro sem manchas e o uso do sangue do animal para marcação dos umbrais das portas de seus respectivos lares, o que livrou os primogênitos hebreus do anjo da morte.

Essa última praga foi determinante para que o "Senhor das Duas Terras" — como era chamado o rei egípcio pelos seus súditos — se rendesse à ordem divina comunicada pelo libertador hebreu, permitindo, então, que o povo cativo saísse pelos portões do reino.

Pouco tempo depois de o povo ter deixado os portões do Antigo Egito, o faraó se arrependeu e novamente se deixou dominar pela fúria, que o levou a enviar suas tropas para prender novamente os hebreus. Com o Mar Vermelho à sua frente e o exército do rei logo atrás, novamente o povo hebreu testemunhou o sobrenatural acontecer, enquanto D'us usava Moisés para abrir um caminho no meio das águas, permitindo a passagem do povo. Os soldados do faraó tentaram seguir os hebreus pelo mesmo caminho, mas o mar se fechou e as tropas se afogaram.

Não é preciso chegar à época da Páscoa para que eu traga toda essa história à minha lembrança e me emocione com ela por inteiro. Relembrar a libertação do povo hebreu é validar não apenas o sofrimento, mas também a força que meus ancestrais têm.

Todo esse relato da libertação do povo hebreu milênios atrás só me traz a convicção de que a humanidade vive em ciclos e revive momentos significativos. Cerca de 1300 anos depois do êxodo hebreu do Egito para Canaã, a história parecia se repetir. O povo judeu estava novamente aprisionado, porém, nesse momento, a opressão não ocorria mais pela escravidão física ou pelo domínio de um faraó, mas pelos altos impostos do Império Romano.

Novamente, o povo clamava por um libertador enviado por D'us, assim como Moisés foi para os hebreus no Egito, e as palavras registradas por profetas, como Isaías, Miqueias, Zacarias e Daniel, já adiantavam informações sobre Aquele que seria a resposta a esse clamor:

> *Portanto, o mesmo Senhor vos dará um sinal: Eis que uma virgem conceberá, e dará à luz um filho, e será o seu nome EMANUEL".*
> *(Isaías 7:14, Bíblia João Ferreira de Almeida, Revista e Atualizada, SBB)*

> *"PORQUE brotará um rebento do tronco de Jessé, e das suas raízes um renovo frutificará. E repousará sobre ele o espírito do SENHOR, o espírito de sabedoria e de inteligência, o espírito de conselho e de fortaleza, o espírito de conhecimento e de temor do SENHOR".*
> *(Isaías 11:1-2, Bíblia João Ferreira de Almeida, Revista e Atualizada, SBB)*

Quando digo que a história se refaz em ciclos, começo por semelhanças simples, que isoladamente parecem não fazer qualquer sentido, mas, quando colocadas lado a lado, pintam cenários muito parecidos em épocas distintas. Acima de tudo, o novo quadro se forma, cumprindo as profecias já registradas no Primeiro Testamento.

Uma jovem grávida carrega no ventre um rebento em um tempo que, semelhante aos dias de Moisés, bebês estão sendo sacrificados a mando de uma autoridade política da época. Dessa vez, não por uma questão de controle populacional, mas por medo do cumprimento das profecias de que estava por vir um novo líder para os judeus. Herodes sente-se ameaçado e manda matar todos os meninos hebreus, desde os recém-nascidos até os de 2 anos.

José, — que era descendente da linhagem genealógica de Jessé e do rei Davi —, sonha com um anjo, que o alerta antecipadamente sobre a ordem do governador Herodes, e com sua esposa e com o menino Jesus vai para o Egito. Depois de um tempo, com a morte de Herodes, eles voltam do Egito, e vão para Nazaré, na Galileia.

Porém, dessa vez, apesar de ser o descendente de um rei, Esse libertador, que chegou para desafiar o poder de Roma, não vem de uma criação dentro de um palácio, como o príncipe do Egito, mas de uma infância simples, na cidade de Nazaré.

Yeshua crescera observando todas as tradições judaicas, incluindo a Páscoa, indo ao templo, sacrificando o cordeiro, aspergindo o sangue do animal e comendo as ervas amargas, bem como fez o povo hebreu, depois de sua libertação da escravidão no Egito. Todas as instruções já haviam sido registradas por Moisés no Pentateuco, que atualmente se encontra no Primeiro Testamento.

Diferente do que muitos esperavam, Ele não veio para ocupar um trono físico ou para pegar em armas e liderar Seu povo em guerras, como fizera Seu ancestral Davi. Seu enfrentamento à opressão que Seu povo estava sofrendo ocorreu justamente quando Ele atendeu aqueles em sofrimento, quando Ele chamou a atenção para o valor que havia na essência das leis judaicas e não no uso meramente religioso delas.

Por isso, não creio que acreditar e me entregar a Yeshua me faça menos judia. Pelo contrário, desde que tomei essa decisão, passei a entender todo o judaísmo, toda a minha cultura, toda a história e a fé de meus ancestrais, bem como a minha, com muito mais profundidade e significado do que antes.

Yeshua não é um tipo de contrariedade ao judaísmo, mas uma continuidade e validação dessa fé que hoje tanto faz sentido em minha vida.

Quando lemos as palavras dos profetas sobre a vinda do Messias e comparamos com toda a história de Yeshua, não nos resta dúvidas de que Ele — e somente Ele — cumpre tudo o que foi escrito sobre esse nosso libertador.

O ciclo se refaz também quando considero que Yeshua veio para libertar Seu povo da opressão romana, mas essa missão se torna muito mais ampliada quando de fato reconhecemos Seu caráter de Messias e que tudo foi consumado na cruz, durante aquela sexta-feira de Pessach. Esses fatos também já haviam sido profetizados por Isaías, como podemos conferir a seguir:

> Era desprezado, e o mais indigno entre os homens, homem de dores, e experimentado nos trabalhos: e, como um de quem os homens escondiam o rosto, era desprezado, e não fizemos dele caso algum. Verdadeiramente ele tomou sobre si as nossas enfermidades, e

as nossas dores levou sobre si; e nós o reputamos por aflito, ferido de D'us, e oprimido. Mas ele foi ferido pelas nossas transgressões, e moído pelas nossas iniquidades: o castigo que nos traz a paz estava sobre ele, e pelas suas pisaduras fomos sarados. Todos nós andamos desgarrados como ovelhas; cada um se desviava pelo seu caminho: mas o SENHOR fez cair sobre ele a iniquidade de nós todos. Ele foi oprimido, mas não abriu a sua boca: como um cordeiro foi levado ao matadouro, e, como a ovelha muda perante os seus tosquiadores, ele não abriu a sua boca. (Isaías 53:3-7, Bíblia João Ferreira de Almeida, Revista e Atualizada, SBB)

Além disso, até mesmo a ressurreição de Yeshua, no terceiro dia após Sua morte no calvário, foi o cumprimento de profecias, conforme já haviam escrito o profeta Isaias, no capítulo 53 de seu livro no Primeiro Testamento, e também o salmista, no capítulo 16 do livro de Salmos.

É acreditando em cada uma dessas provas e sentindo muita paz em meu coração que hoje declaro minha transformação de vida e minha condição de plena satisfação espiritual em Yeshua. Por outro lado, considero que toda a minha caminhada até chegar a este ponto valeu muito a pena, porque, de cada momento que vivi — bom ou ruim, de erros ou acertos —, pude tirar um aprendizado.

A minha busca incansável, passando por diferentes linhas de pensamento religioso e filosófico, me fez entender como cada uma delas funciona e hoje me permite dialogar tranquilamente com os que seguem esses estilos de vida. Afinal, o fato de eu ter passado por algumas dessas linhas de pensamento já pode gerar uma conexão e também empatia da minha parte com relação a essas pessoas.

Passado o meu período de euforia da descoberta sobre Yeshua e também o meu desejo quase que "desesperado" de que todas as pessoas vivenciassem essa mesma experiência que eu tive um dia, atualmente eu entendo que posso conviver tranquilamente com aqueles que pensam diferente de mim. Não importa se são judeus que se recusam a acreditar em Yeshua, católicos, espíritas ou qualquer outro que siga outras linhas de pensamento, o respeito deve ser mútuo.

Hoje eu vejo que o meu papel é mostrar diariamente, acima de uma pregação e um belo discurso, com minhas atitudes, tudo o que essa minha decisão gerou em minha vida, tornando-me uma pessoa melhor, mais compreensiva, amorosa, justa e paciente. Se eu penso que essa missão é fácil? De forma alguma. O desafio é constante, justamente porque a mudança não é instantânea e sim gradual, à medida que eu dou abertura para que ela aconteça em mim.

Minha satisfação em compartilhar minhas experiências neste livro é imensa, pois quando registramos a história, permitimos que os erros já cometidos sejam evitados e que os acertos sejam exemplos a seguir. A começar em mim, olho para a minha própria vida e penso que nenhum passo foi em vão, passo a olhar para meus acertos como exemplos do que é certo fazer e meus erros como momentos em que aprendi o que não devo fazer.

Antes de ouvir falar sobre Yeshua e decidir segui-lO, os caminhos que trilhei me trouxeram muitas experiências. Algumas delas até me geravam uma sensação de "conforto", mas, no final das contas, eu ainda sentia que havia em mim um espaço a ser preenchido, que ainda havia questionamentos não respondidos, e foi por isso que segui procurando, buscando, até que meus filhos, vendo que eu procurava responder a determinadas perguntas feitas dentro do meu próprio ser, apresentaram-me essa mensagem.

Fato é que eu creio que a minha jornada me trouxe até aqui. Por mais que tenha momentos de dor e angústia, eles estão alternados com tantos outros momentos de alegria, e todo esse caminho acabou passando por um ponto estratégico do mapa. Ele começou a se formar quando meu filho Fabio conheceu seu amigo, João Marcus, e a mãe do garoto, Neide. Continuou formando-se quando Fabio ouviu e compreendeu a mensagem de Yeshua, compartilhando-a com seu irmão, Ilan. E, por fim, como que aguardando a minha passagem por ele, o cenário termina de ser pintado quando eles se aproximam de mim e me falam sobre suas mais recentes descobertas.

Que momento maravilhoso! Por mais que eu tivesse inicialmente resistido e não enxergasse aquela aproximação de meus dois filhos como algo positivo, hoje vejo que até mesmo essa minha incredulidade a princípio faz parte do início da caminhada a partir desse ponto estratégico.

Um caminho não é feito apenas de ponto de partida e destino, mas de cada um dos pedaços percorridos, sejam eles agradáveis ou não.

Muitas vezes, pergunto a mim mesma: como seria se eu não tivesse passado tanto tempo buscando respostas? Como seria se eu não tivesse acreditado em tantas linhas de pensamento diferentes? Como seria se eu não tivesse resistido de início? Sinceramente, penso em inúmeras possibilidades. Mas, assim como creio que cada caminho é único, também entendo que, de uma maneira ou de outra, mais cedo ou mais tarde, eu estaria seguindo a Yeshua. Creio assim, porque eu seguiria procurando até encontrar algo ou alguém que fosse satisfatório à minha busca e Ele foi o único que atendeu a essa minha necessidade e o fez de uma forma maravilhosa.

✡

Quando comecei a ler sobre Yeshua — ainda no Primeiro Testamento — e também compreendi mais sobre toda a Sua história e o cumprimento de Sua missão, me interessei em saber mais sobre como eu poderia tê-lO de forma mais presente em minha vida. E, quanto mais eu procurava respostas, mais eu as encontrava no próprio Livro, ao qual eu tive acesso e conhecimento durante toda a minha vida, já que cresci em um lar judaico, mas nunca havia lido com profundidade, nunca havia lido sob a perspectiva de entender e interpretar as profecias.

Quanto mais eu lia aquele Livro, pedia que D'us me falasse ao coração. Meu clamor era atendido com um derramar de muita paz sobre a minha vida. Quanto mais eu percorria aquelas linhas, mais aprendia sobre um amor e uma graça que excedem o entendimento humano e, apesar de ser um relacionamento bem racional, também exige que tenhamos uma visão espiritual para desfrutar dele de forma plena.

Confesso que minha felicidade por essa descoberta não estampava no meu rosto um sorriso que permanecia ali 24 horas por dia, nem uma euforia que fazia o meu coração bater mais forte o tempo todo. Na verdade, creio até que essa alegria constante seja biológica e psicologicamente impossível.

A paz que encontrei não era resultado de uma epifania, de um afã ou de um estado de transe em que eu entrava. Ela foi resultado, não apenas de uma experiência espiritual que eu tive quando encontrei Yeshua, mas de todas as experiências que passei a viver diariamente com Ele.

Prova de que essa paz e essa felicidade eram, e continuam sendo, plenamente racionais é que, em meio à alegria de ter encontrado as respostas que tanto busquei por toda a minha vida, também me sentia triste por aqueles que não haviam passado por isso, a começar por aqueles mais próximos a mim.

Vinha-me à memória a minha mãe, uma mulher marcada pelas dores da Segunda Guerra Mundial e do Holocausto; que passou tantos anos buscando a cura de suas enfermidades e respostas aos seus próprios questionamentos. De certa forma, compreendo que a angústia dela em não as encontrar tenha sido significativamente maior que a minha, devido a todo esse acúmulo de traumas que ela teve em sua juventude.

Quanto mais eu experimentava o amor de Yeshua por mim, ao mesmo tempo que me alegrava muito em recebê-lo, me entristecia por pensar que minha mãe não tinha experimentado aquilo.

Experiências como esta mistura de sentimentos só me serviram, e ainda servem, para mostrar-me que a caminhada com Ele é vida real e não algo que vá me deixar constantemente em transe. A felicidade que eu encontrei não é apenas a alegria de um momento, mas a certeza de que, mesmo enfrentando decepções e outras dificuldades, D'us está sempre cuidando de mim. Ele é o guarda de Israel e está vivo. Nunca vai me desemparar.

Desde que compreendi o quanto D'us me ama e quer cuidar de mim, até passo por dias de ansiedade, porém ela não encontra mais moradia em minha mente e no meu coração.

A minha certeza de que D'us está comigo e cuidando de mim, de que Ele é o guarda de Israel, não é fruto simplesmente de uma voz — como aquela que chamou Moisés no Monte Horebe —, mas é algo que eu mesma li nos Salmos e que me dei conta de que já cantava essa mensagem nos meus tempos de Dror, quando era adolescente.

Quando a ansiedade tenta recair sobre mim, logo me lembro de Salmos 121, que diz o seguinte:

> *Elevo os meus olhos para os montes:*
> *de onde me virá o socorro?*
> *O meu socorro vem do SENHOR,*
> *que fez o céu e a terra.*
> *Não deixará vacilar o teu pé: aquele*
> *que te guarda não tosquenejará.*
> *Eis que não tosquenejará nem*
> *dormirá o guarda de Israel.*
> *O SENHOR é quem te guarda: o SENHOR*
> *é a tua sombra à tua direita.*
> *O sol não te molestará de dia nem a lua de noite.*
> *O SENHOR te guardará de todo o*
> *mal: ele guardará a tua alma.*
> *O SENHOR guardará a tua entrada e a*
> *tua saída, desde agora e para sempre.*

Esta passagem dos Escritos hebraicos só reforça a minha certeza de que a minha relação com o Senhor é de proximidade, um relacionamento direto e que nem por isso implica em desrespeito, mas em muita reverência e, ao mesmo tempo, muito amor, muito cuidado e muita paz.

Confesso que, quando eu era adolescente, cantava músicas com essa mensagem sem prestar tanta atenção na letra. Porém, quando passei a ler as Escrituras com mais profundidade, prezando a meditação e uma interpretação guiada pela sabedoria que vem do Senhor, essa passagem, e tantas outras que cantávamos em nossas canções e orações, passou a fazer todo o sentido para mim.

Por isso, afirmo que a paz que encontrei em Yeshua não me afastou do judaísmo, pelo contrário, aproximou-me ainda mais e só aumentou o meu amor pela cultura e a essência da fé do meu povo.

Crer em Yeshua não me afasta do judaísmo, mas me faz sentir cada vez mais judia.

Sei que pode parecer complexo, contudo, é mais simples do que pensamos. Se as Escrituras já falaram e as profecias se cumpriram, e continuam cumprindo-se, só nos resta crer e aceitar estreitar esse relacionamento com o Senhor.

Ele nos diz todos os dias que está ao nosso lado, que está vivo, que nos guarda. Como é possível desprezar uma declaração tão cheia de amor e cuidado?

LEÃO DA MONTANHA

Há uma passagem do livro escrito e publicado por meu pai que expressa bem o meu sentimento de muito carinho e orgulho, que nunca deixei de cultivar pelo meu povo e venho alimentando a cada dia mais.

Olhar para toda a história, permeada de sofrimento, lutas e superações, mantém acesa em meu coração uma chama, que arde no peito e só aumenta o meu desejo de um dia estar com meus irmãos em nossa terra de origem.

Dirijo esta mensagem à minha família, bem como a todas as crianças do nosso povo. Tendo vocês ao meu lado, sinto-me um homem realizado, sabendo que nossa família exterminada durante o Holocausto tem a sua continuidade.
Lembrem-se, em todas as ocasiões, a sua procedência e a sua responsabilidade com o seu povo. Um povo que deu ao mundo as primeiras bases da lei, da moral e da ética em forma de Tábuas da Lei. Um povo que apesar de todas as perseguições e massacres, permaneceu fiel à sua fé e às suas tradições.
Vocês, meus filhos, netos e bisnetos, nasceram na mais bela época do povo judeu, que após anos da dispersão voltou à sua pátria milenar. A sua pátria espiritual, Eretz Israel.
Quando eu tinha a idade de vocês, vivi na Polônia, e apesar de meus pais serem cidadãos liberais, senti o ódio do povo polonês contra os judeus que, não sei como, reconheciam de longe outro judeu. Após o Holocausto, fui a Israel e participei pessoalmente da guerra de libertação do Estado de Israel. Senti a grandeza do renascer do nosso povo. E após sair de Israel, agora independente, nunca mais senti o antissemitismo, mesmo me declarando judeu. Ao contrário, gozo do maior respeito e orgulho (Yaari, 2009 p. 316).

Esta dificuldade de aceitar que D'us quer ter um relacionamento de proximidade conosco não é algo específico de religião ou filosofias A, B ou C. Na verdade, creio que esse "bloqueio" está inerente ao próprio ser humano, que tem dificuldades de se relacionar de modo geral e acaba complicando relações que deveriam ser muito simples.

Exemplo disso é que D'us nos ama e nada que fizermos para Ele aumentará ou diminuirá o amor dEle por nós. Porém, nós criamos moldes e sistemas e somos levados a acreditar que será isso que validará o nosso relacionamento com Ele.

Obviamente, eu não estou aqui me opondo à religião. Pelo contrário, creio que hábitos e costumes fazem parte de qualquer relacionamento, inclusive da nossa relação com D'us. No entanto, quando a religião passa a ser vista como algo que dá garantias e até mesmo se torna mais importante que a própria relação diária com o Senhor, ela perde totalmente sua razão de existir.

Práticas, como ler as Escrituras, entoar cânticos, orar, adotar certos tipos de vestimenta e seguir recomendações de alimentação — como faz parte do judaísmo e tantas outras expressões de fé —, podem nos fazer bem, mas também perdem totalmente o sentido quando esses atos são colocados acima da nossa fé, quando acreditamos que é exclusivamente isso que nos aproxima de D'us.

Davi, por exemplo, era um homem que seguia os ritos e preceitos judaicos, mas também não hesitava em se quebrantar diante de D'us. Daniel tinha uma vida marcada pela oração, mas que se caracterizava por ser um momento de muita proximidade com o Senhor e não apenas de repetições diárias.

Por isso, eu acredito que muito mais que ritos religiosos, esses e tantos outros homens que marcaram a história do povo judeu, como Abraão, Isaque, Jacó, José e Moisés, não tinham apenas o costume de seguir uma vida religiosa, mas também uma vida de busca por um relacionamento com D'us, uma vida regrada pela fé, que dava sentido à sua religião, e não o contrário.

Creio que o ponto de equilíbrio surge justamente quando usamos a fé e o amor como parâmetro, pois são eles que validam todo o restante: os ritos, as orações, os períodos de jejum, de meditação, as boas obras. Se eu praticar todas essas ações em minha vida, mas não tiver fé, nem amor, nada terá valor.

Depois que fui encontrada por Yeshua, passei a olhar para a religião de uma forma diferente. Por isso, quando me perguntam hoje o que eu penso sobre essa questão, penso logo que, para ela ter validade, precisa ser o amor em ação. Foi exatamente o que Yeshua falou e praticou e nada do que Ele pregou estava fora do que já havia sido entregue por D'us aos nossos antepassados, como as Tábuas da Lei, dadas a Moisés, no Monte Sinai.

Yeshua apenas reforçou algo que já havia sido dito, milênios antes, lembrando que todos aqueles dez mandamentos tinham, e ainda têm, uma razão central de existir: "Amar a D'us sobre todas as coisas e ao próximo como a ti mesmo".

POSSIBILIDADE

Hoje, olhando para tudo o que tenho aprendido sobre Yeshua, preciso primeiramente reconhecer que Ele é um fato, já aconteceu e continua acontecendo todos os dias na minha vida e na vida de tantas outras pessoas. Não há como negar isso. Porém, também considero que antes de Ele ser um fato na minha vida, surgiu para mim como uma possibilidade. Afinal, eu estava à procura de respostas, e, quando se está nessa busca, tudo é possibilidade, até encontrarmos o que queremos.

Fato é que, para que eu encontrasse as respostas que buscava, precisei primeiro considerá-lO como uma das tantas possibilidades. E por que não consideraria? Eu já havia tentado confiar em amuletos, gnomos, superstições de todo tipo e tantas outras linhas de pensamento. Por que não veria Yeshua como alguém que poderia trazer respostas? Bem, a minha entrega foi genuína e a paz que passei a sentir também foi.

Por todas essas razões, considero que Ele foi uma possibilidade que se tornou realidade na minha vida, mostrando-me o caminho. É com Ele que quero seguir, desde então, por esse caminho de amor em ação, de respeito prático. É por Ele que tenho a certeza de que esta vida terrena pode ser boa, mas a eternidade ao Seu lado será muito melhor. Yeshua me surgiu como uma possibilidade, mas hoje eu entendo que Ele é o caminho, a verdade e a vida.

יִשְׂרָאֵל

Como já deixei claro o quanto minhas idas a Israel tiveram e continuam tendo muito significado para mim — não somente por uma questão de raízes, mas também espiritual —, creio que vale mencionar o carinho que tenho pela cidade de Mevaseret Zion, que é onde meus filhos moram atualmente.

É uma cidade não muito grande, mas carregada de significados, a começar por seu nome, que em hebraico quer dizer "Anunciando Sião". Ela está localizada em uma montanha, a 750 metros acima do nível do mar, a cerca de poucos quilômetros de Jerusalém.

Sua população é de pouco menos de 23 mil habitantes, que se distribuem por quinze bairros. Apesar de ter seus toques de modernidade, a cidade parece manter certas características de um local pacato, respeitando a natureza. Aos interessados em visitar Israel, recomendo a visita a Mevaseret Zion.

OR: אוֹר

Olhando para todo esse relato da minha história, da minha busca e minha descoberta de fé em Yeshua, creio que uma palavra que se torna cheia de significado para mim é o termo hebraico אור (or), que significa "luz". Vejo dessa forma, porque, até eu conhecê-lO, sentia-me como se estivesse procurando algo no escuro, tateando lugares e objetos. Porém, quando Ele surgiu em minha vida como uma possibilidade, tudo começou a se iluminar à minha frente, trazendo-me as informações que tanto busquei durante toda a minha vida.

Essa luz não depende de mim para ser alimentada, pois sua fonte está no Pai e por isso gosto de pensar que sou filha da Luz, porque hoje me considero mais que uma serva de D'us, considero-me uma filha dEle.

Epílogo

Entre decepções e alegrias que formam nossa caminhada na vida, sempre acreditei que continuar sonhando é algo essencial para que nos mantenhamos vivos, motivados a continuar. Por isso, sigo vivendo assim, sonhando com os olhos voltados para o céu, mas também com meus pés firmes no chão, acreditando que a razão também é importante para a realização desses sonhos.

Um dia, sonhei com este livro, coloquei essa causa em oração diante de D'us e segui com meus pés no chão, pedindo sempre o direcionamento divino para me planejar e realizar esse sonho. E aqui estou eu, escrevendo estas linhas que tanto me emocionam.

Da mesma forma, sonho em morar em Israel e estar com toda a minha família reunida novamente. Talvez a realização disso possa parecer muito difícil atualmente, mas não é impossível. Vejo claramente esse sonho não apenas como um privilégio, mas também como uma possibilidade, porque tenho certeza de que um dia haverá uma ou mais oportunidades para essa realização.

Um dia, eu já cheguei a pensar que seria impossível encontrar a paz que tanto busquei para a minha vida, mas a encontrei em Yeshua, justamente porque eu aprendi que, para Suas mãos, nada é impossível. Sendo assim, sigo colocando a realização de cada um dos meus sonhos nas mãos dEle e, quando eu estiver pronta para vivenciá-los, oportunidades serão criadas por Ele e eu irei aproveitá-las.

Além de me reunir novamente com meus familiares, meu sonho de morar em Israel tem como objetivo ainda maior ampliar um projeto de vida que já iniciei no Brasil, há anos: falar de Yeshua a quem tiver ouvidos para receber essa mensagem. Tenho visto vidas com histórias muito semelhantes à minha, também sendo transformadas por encontrarem a paz que um dia encontrei.

Conheci a mensagem e o amor de Yeshua, porque, um dia, uma mulher que tem um grande carinho pelos judeus se aproximou do meu filho e também de mim. Não me resta dúvidas de que foi D'us quem colocou esse amor no coração dela. E é justamente por amar muito o meu povo que quero que eles também tenham a oportunidade de conhecer Yeshua, como eu um dia conheci; de encontrar o caminho, como um dia eu encontrei; de serem guiados pela luz, como eu um dia comecei a ser guiada.

Como diz Yeshua: "Eu sou a luz do mundo;
quem me segue não andará em trevas,
mas terá a luz da vida". (João 8:12)

Compreendendo que a realização de um sonho muitas vezes também depende de um processo, por isso sigo trabalhando no Brasil, buscando florescer onde estou plantada, e colocando-me à disposição da realização dos planos que o Senhor D'us tem para a minha vida. Tenho absoluta certeza de que este livro será uma ferramenta poderosa para compartilhar o meu testemunho e mostrar o que Yeshua pode fazer na vida de uma pessoa que se dispõe a receber o Seu amor.

Afinal, o que trago aqui não é a pregação meramente de uma religião ou ideologia, mas o testemunho real de alguém que foi alcançada pela mensagem poderosa dAquele que está pronto a entregar amor, propósito e salvação às vidas. Da mesma forma que fez isso comigo, pode fazer também com você que está lendo e, como eu, está em busca de respostas.

Com Yeshua, minha vida deixou de ser apenas marcada por dúvidas, passou a ser marcada pela abundância de paz, de amor e da certeza de uma vida na eternidade ao lado dEle.

Depoimentos

Para minha amiga, companheira de vida e mãe.
Que presente para uma filha poder ver cada realização de sua mãe — e não foram poucas —, ao longo da vida. Este livro é mais uma delas! Como não ficar feliz em perceber por estas linhas um caminho de maturidade, paz e encontro consigo mesma? E o que mais eu poderia desejar para aquela que me deu a vida?

Uma parte me toca mais que todas: é quando minha mãe narra sua dúvida, na segunda gravidez, sobre a possibilidade de amar o segundo filho tanto quanto o primeiro. Toca-me porque, durante toda a vida, sempre senti que ela nos amava em nossas singularidades, e nunca mais um do que o outro. Quando me tornei mãe, nunca tive essa dúvida, porque aprendi com a minha mãe que amor é infinito e é possível amar nas diferenças.

E este livro mostra que a verdadeira maturidade leva à alteridade!

Todo o meu amor.

Sua Cici

Sempre que leio alguma história de pessoas que tomaram decisões tão significativas quanto à sua fé, sinto-me imensamente tocada e emocionada. Especialmente se essa história vem acompanhada de desertos e batalhas que, em vez de terminarem com uma derrota, acabam em êxito. A maioria de nós (e falo isso como cidadã brasileira) não imagina o que os judeus viveram durante o Holocausto. Aprendemos alguns fatos históricos sobre guerras e genocídios durante o período escolar, mas, assim que fechamos nossos cadernos, aquilo não passa de uma mera informação que talvez nem chegaremos a assimilar. Contudo, por trás de um incontável número de vítimas, sempre há nomes e sobrenomes. Por trás de uma dor profunda, sempre há uma identidade. Mas a boa notícia é que, ainda que o mundo não perceba o outro com o esmero que deveria, Deus nos conhece pelo nosso nome, mesmo antes da fundação do universo. E Ele conheceu Paulina Yaari, uma mulher judia comum, que não somente conheceu o judaísmo, mas também viveu a dor de seus antepassados e foi completamente transformada pelo Messias de Israel.

Este livro inspirador irá tocar você de formas inimagináveis e fazê-lo refletir sobre o quanto o Senhor ama o Seu povo escolhido: judeus e gentios. Embarque nesta história real, de uma mulher real que nasceu de novo e agora tem riquezas imensuráveis para compartilhar com todos os seus leitores.

Bella Falconi
Bacharel em nutrição
Mestre em nutrição aplicada
(Northeastern) University
Pós-graduada em teologia

23 de fevereiro de 2024

Não quero somente endossar a leitura deste livro, o desejo de minha querida mamãe de dividir, tanto com o nosso povo judeu, como com todos aqueles que amam e servem o Messias de Israel e aqueles que almejam por Sua luz; quero também brevemente falar um pouquinho sobre todo o amor que sempre recebi dela, minha mamãe querida.

Nada mais perfeito para trazer luz a esta escuridão do que o poder de Deus, que realmente transforma interiormente, apresentado na vida real de quem viu o resultado das trevas.

Tendo sido criada como a filha mais nova de meus avós, dois sobreviventes do Holocausto, Paulina conhece de perto o que a escuridão pode gerar e a força da luz que expulsa todas as trevas.

Em um momento de grande dor, em meio a mais uma guerra e mais um momento histórico e bíblico, quando grande parte do mundo se volta contra nosso povo judeu, este livro vem para trazer luz, esperança, fé e amor.

Eu sei que minha mãe somente deseja que o nome do Messias de Israel seja glorificado na vida de seus leitores através deste livro.

Somente a salvação por meio do arrependimento genuíno e verdadeira fé na obra perfeita que nosso Messias fez — sim, somente fé transformadora, pregada por todos os nossos profetas do Tanach — é que pode manter a doçura, trazer pureza, tanto entendimento, perdão e alegria que tanto se expressam na vida de Paulina, minha mamãe.

Como poderia uma filha de sobreviventes do Holocausto, que tanto provou amarguras e frustrações, conviveu com traumas e foi criada por pessoas extremamente traumatizadas, machucadas pela vida, como poderia encontrar satisfação real na vida, independentemente das constantes desilusões e ainda sempre ver o melhor em cada situação? Como uma pessoa pode constantemente dar amor, ainda que as feridas da vida sejam tantas?

Mamãe querida e muito amada, você é, sim, uma filha da luz! A luz do Messias de Israel brilha através de sua doçura, seu amor constante e sua satisfação. Meu desejo para os leitores é que eles venham a almejar a simplicidade, a humildade e a fé de uma criança, e que tenham o mesmo encontro com o Pai, e assim também se tornem filhos da Luz.

שִׂנְאָה תְּעֹרֵר מְדָנִים וְעַל כָּל־פְּשָׁעִים תְּכַסֶּה אַהֲבָה׃

O ódio provoca dissensão, mas o amor cobre todos os pecados.
Provérbios 10:12

Fabio Jonas Schucman

TESTEMUNHO DE UM AMIGO!
O Grande e Eterno Yahweh nunca desperdiça nenhuma das nossas experiências, Ele cria cada ser humano como um ser único, e tem um PROPÓSITO particular para cada um de nós! (Salmo (Tehilim) 139:13-16.)

Sim! Nos anos 1955, na cidade de São Paulo, nascia uma linda menina, em uma família de judeus sobreviventes do Holocausto, que recebeu o nome de Paulina Yaari. Criada desde a infância sob os preceitos judaicos, na adolescência foi integrante do movimento Sionista Juvenil Dror. Seu grande anseio era conhecer mais a Yahweh, e nessa busca redescobriu a si mesma e ao grande Leão da Tribo de Judá, **O Messias de Israel**! Aquele que foi prometido quando Adão pecou (Gênesis (Bereshit) 3:15).

Sou testemunha da transformação pessoal, da mudança de vida que esta descoberta, isto é, o Encontro e a Entrega da sua vida ao Messias Prometido, provocou na vida da Paulina!

A partir daí, Paulina passou a segui-lo e busca no seu dia a dia obedecê-lo e ajudar outras pessoas a também se entregarem ao Messias Prometido recebendo-o como seu Senhor, Mediador e Salvador pessoal.

Mesmo tendo passado por terríveis dores e perdas irreparáveis, Paulina parece viver com uma Missão: servir a Yahweh, enquanto serve pessoas. Se tem alguém precisando de ajuda, lá está Paulina como uma representante que se assemelha ao seu Senhor, O MESSIAS PROMETIDO! Sem dúvida alguma, podemos constatar: PAULINA É UMA FILHA DA LUZ!

Desse amigo que tem acompanhado parte da maravilhosa trajetória de vida e transformação da Paulina,

Genivaldo Andrade de Souza
Psicanalista e Pastor da Primeira
Igreja Batista de Guarujá

Mãe.

Dizem que existem três obras indispensáveis ao ser humano: plantar uma árvore, ter filhos, escrever um livro. Eu ouvi isso pela primeira vez de seu pai, quando ele estava escrevendo o livro dele. Só que ele disse construir uma casa, e não ter filhos. Pra mim, dá na mesma. Pois quem tem filhos está construindo uma casa. Eu parei para tentar entender o objetivo deste ditado popular. Acredito que seja porque essas três obras dão frutos, ou, mais precisamente, são passíveis de dar frutos.

Eu sei que você plantou muitas árvores na vida. Todas elas devem ainda existir; tem três filhos, nove netos e agora uma bisneta, provavelmente vai ter mais bisnetos em breve; faltava o livro. Agora, não mais. Um livro fantástico, pois conta a história de uma mulher, mãe, avó, bisavó fantástica. Talvez alguns possam pensar que você é uma pessoa comum. Não acredito nisso. Em nosso mundo cheio de valores invertidos, você conseguiu criar três filhos com muito amor, cuidado, dedicação e sabedoria. Ensinou-lhes os princípios e valores que fazem uma sociedade boa e próspera. Esses filhos já tiveram seus filhos, que também continuam no mesmo caminhar. Com certeza não é uma história comum. Mas tem ainda mais. Você teve a coragem de tomar decisões contra toda a sociedade e permanecer nelas, e a forçar, sem usar nenhuma força, todos os que a rejeitaram a aceitá-la, sem ter que dizer nada, apenas deixando fluir o seu amor e o seu jeito carinhoso de ser.

E agora está deixando para todos a última das três obras. Talvez a mais importante, pois toda essa história ficará gravada para sempre.

O povo judeu é conhecido como o povo do livro. Só sabemos quem somos e podemos viver o que vivemos por causa do livro. Da mesma forma, seu livro vai deixar um legado para as próximas gerações. Um legado de fé, de luta pelo bem, de coragem, de bons princípios e valores. E você ainda plantou árvores que continuam a reproduzir esses frutos.

Parabéns por esta obra tão importante! Esta leitura tão gostosa me fez rir, chorar e conhecer você ainda melhor. Obrigado por ter me dado o dom da vida e agora por me dar o privilégio de conhecer melhor a sua jornada.

Do seu filho que te ama muito,

Ilan

Quem vê Paulina à primeira vista pode ter a impressão de uma mulher delicada, e ela é mesmo muito doce e gentil! Mas só quem convive com ela e conhece mais de sua história sabe o quanto sua delicadeza vem revestida de força e coragem surpreendentes. Ao ler esta obra, você certamente será impactado por uma história contagiante de superação e crescimento.

Leonora Temple Ciribelli
Psicóloga clínica com especialização
em terapia de casal e família

Que palavras preciosas, Paulina! Senti muita emoção por também fazer parte desta história. Eu me senti como que tomando um café com você e papeando.

Um livro muito gostoso de se ler e um verdadeiro testemunho dAquele que realmente pode trazer a verdadeira paz e as respostas para esta constante busca que todo ser humano tem: encontrar o verdadeiro significado da vida e entender quem é, de fato, o nosso Criador!

Parabéns por essa conquista!

E a história continua. Amo muito você, *sogrita*.

Nara Batel Schucman
Profissional em estética, cantora e compositora

Este livro fascinante e inspirador surge como um belo relato sobre um personagem que teve o desejo e a coragem de romper tradições para buscar um sentido mais amplo da existência, e a razão dessa existência com o Criador. Um livro notável, que surge como um desafio a cada um de nós sobre como lidamos com nossos infortúnios, além de trazer uma bela reflexão, desde seu conteúdo histórico, iniciando por um dos períodos mais tenebrosos da história, o Holocausto.

Relata os anos seguintes, com seus desdobramentos, tendo como personagens centrais pessoas de uma família judia, que, apesar de todo o horror passado, encontrou força para recomeçar, deixando-nos um legado maravilhoso de coragem, esperança e fé!

Dentro desse contexto, a autora, de forma simples e profunda, transmite uma história e lição de vida que nos inspira a refletir sobre a busca da felicidade pessoal, a busca sobre o sentido da vida e, principalmente, a busca da verdade sobre nossas raízes e nossa fé.

Você irá se emocionar (no sentido mais amplo da palavra) do início ao fim desta obra, porque momentos de tristeza e alegria se misturam e se fundem, moldando, assim, o caráter e a personalidade dessa pessoa incrível. Enfrentando diversos desafios, ela não desistiu até encontrar o caminho da luz, que a conduziu à verdade sobre o Deus de Israel.

Um dia, quando olhares para trás, verás que
os dias mais belos foram aqueles em que lutaste.
Sigmund Freud

Osias Alves

Psicanalista

Ao receber da querida Nara Schucman um pedido para um texto de endosso para este livro, em meio à minha agenda intensa de viagens, resolvi que atenderia o singelo pedido dela, imprimindo-o e folheando rapidamente algumas páginas, só para ter uma noção mínima do conteúdo e escrever algumas linhas. Me comprometi a enviar um texto no dia seguinte. Mas ao começar a ler a história da Paulina, percebi que deveria ler com muita atenção o livro inteiro.

A leitura de *Filha da Luz* é cativante! Sempre fui um apaixonado pela história resiliente do povo judeu. Criei aversão particular a tudo escrito por William Shakespeare, por causa do estrago que ele causou nas mentes incautas quando inventou *O Mercador de Veneza*. Por outro lado, considerei uma justiça divina a inspiração de Thomas Keneally para *A Lista de Schindler*, filme que me inspirou a compor "O Lamento de Israel". Ao notar que *Filha da Luz* era uma história real de uma filha de sobreviventes do Holocausto, fui tomado pelo fascínio e li com avidez cada sílaba escrita pela Paulina.

Sempre tive laços fortes com Yeshua, nosso Mestre, e vinha dessa relação com Ele uma explícita gratidão ao povo judeu. Fiz várias viagens a Israel e sempre que pouso em Tel Aviv tenho a sensação de estar de "volta ao lar". Amo o povo, seus costumes, sua alegria, suas tradições e toda a cultura judaica. Um dos meus troféus da existência foi ter um dia, como cristão, cantado na Sinagoga de Toronto, no Canadá, a música "O Amigo", mediante um pedido do rabino que conhecia a música, mas não entendia o idioma português. Enquanto eu cantava, o rabino ouvia a música de olhos fechados, "saboreando" o som da melodia sem saber que a música falava o tempo todo de Yeshua. Foi uma noite memorável!

Como Paulina, eu só entendia a rejeição dos judeus de Jerusalém a um Yeshua que tinha cumprido todas as profecias – desde a entrada no jumentinho descrita em Zacarias 9:9 até a maneira como suportou aquele calvário terrível para cumprir Isaías 53 — quando considerava que o ódio daquela crucificação também era um cumprimento profético.

Filha da Luz me fez chorar porque finalmente uma judia se encorajou a publicar o desnude de sua alma esclarecida, ao reconhecer que o Messias já esteve entre nós e, por isso mesmo, precisa se manter orgulhosamente judia, mas agora com a certeza revelada de Quem foi Aquele judeu crucificado em Jerusalém há quase dois mil anos.

Quando compus minha música "A Profecia", eu havia percebido as mesmas revelações apresentadas neste livro pela Paulina, mesmo sendo eu um mero gentio brasileiro alcançado pela graça do Ruach HaKodesh.

Este maravilhoso livro apresenta princípios e conclusões indispensáveis a todos aqueles que devem conhecer as inseparáveis intersecções entre judaísmo e cristianismo, que explicam nos relatos carregados de inspiração, beleza e leveza de Paulina Yaari, porque um judeu não precisa deixar de ser judeu para amar Yeshua Ha'Mashiach. Obrigado por tanta luz, Paulina.

Sérgio Lopes

Compositor e cantor

Sinto-me extremamente privilegiada por ter Paulina Yaari como minha sogra (mãe do coração), minha conselheira e amiga. Não haveria título mais adequado para este livro, no qual Paulina incansavelmente busca respostas para viver uma vida plena e cheia de luz. Agora, ela se sente plenamente judia por ter encontrado o Messias de Israel. Essa é a luz que ela irradia, serena, meiga e boa ouvinte, impactando quem a conhece. Aprendeu a sobreviver em tempos difíceis e se tornou vencedora. Não é alguém que desiste fácil. Obrigada, sogra linda, por ser instrumento de D'us para nos abençoar! Continue irradiando essa luz.

Thaís Schucman
Dentista
Cantora e compositora

A mais antiga violência antissemita historicamente documentada remonta do ano de 410 a.C., quando os caudais do Nilo testemunharam a destruição do templo judaico de Elefantina. Se pensarmos no cativeiro egípcio, recuaremos a 1600 a.C. Atualmente, essa chaga se renova e se reabre, uma vez mais, com imensa virulência. As flores, porém, também sabem nascer frondosas nos solos mais inóspitos. No ano de 2024, impiedoso e sangrento para com todas as linhagens dos filhos de Sem, Paulina Yaari apresenta ao mundo este singelo e tocante opúsculo, narrando com vivas tintas as dores e as alegrias de viver intensamente num revolto Brasil, sendo judia descendente de sobreviventes do Holocausto. A filiação, aliás, é surpreendentemente alegórica: filha de Leon (leão) e Feigl (pássaro), seu espírito híbrido e forte se desnuda nestas linhas, conectando a cultura judaica à mitologia grega: como um grifo — criatura mítica do corpo de leão e das asas de águia —, Paulina concebe ovos de ouro. Você, leitor, tem um deles em suas mãos.

Guilherme Guimarães Feliciano

Professor Associado III da Faculdade de Direito
da Universidade de São Paulo (FDUSP)
Titular da Cadeira número 53 da Academia
Brasileira de Direito do Trabalho (ABDT Brasil)
Juiz titular da 1ª Vara do Trabalho de Taubaté (SP)

Há muitos anos, tive a satisfação de conhecer Paulina e sua família. Fascinado pela cultura e tradição judaica, me sensibilizei muito ao saber do livramento dos horrores do Holocausto que o Eterno concedeu aos seus pais. Mas minha alegria é redobrada ao recomendar esta obra da amiga Paulina. Sua trajetória pela busca da luz e da espiritualidade se mostrou, de fato, iluminada, sob os caminhos belos e surpreendentes de HaShem. Só posso parabenizá-la por esta obra tão inspiradora e promissora, que irá abençoar a vida de tantas pessoas.

Luiz Sayão
Hebraísta e teólogo

FONTE Garamond Premier Pro
PAPEL Pólen Natural 80g e Couché fosco 115g
IMPRESSÃO Paym